Harald Volkmar Schlieder

Mein Vater

Musiker und Offizier

1918 Dresden – 1998 Miltenberg

Mein Vater

Musiker und Offizier

1918 Dresden – 1998 Miltenberg

Harald Volkmar Schlieder

2013

Carola Hartmann Miles-Verlag Berlin

CIP-Kurztitelaufnahme der Deutschen Nationalbibliothek:
Harald Volkmar Schlieder, Mein Vater. Musiker und Offizier.
1918 Dresden – 1998 Miltenberg.

Carola Hartmann Miles – Verlag, 2013
ISBN 978-3-937885-64-3

Herstellung: Books on Demand GmbH, Norderstedt

© Carola Hartmann Miles – Verlag,
George-Caylay-Str. 38, 14089 Berlin
(email: miles-verlag@t-online.de ; www.miles-verlag.jimdo.com)

Alle Rechte, insbesondere das Recht der Vervielfältigung und Verbreitung sowie der Übersetzung, vorbehalten. Kein Teil des Werkes darf in irgendeiner Form (durch Fotokopie, Mikrofilm oder ein anderes Verfahren) ohne schriftliche Genehmigung des Verlages reproduziert oder unter Verwendung elektronischer Systeme gespeichert, verarbeitet, vervielfältigt oder verbreitet werden.
Printed in Germany

ISBN 978-3-937885-64-3

Inhaltsverzeichnis

	Seite
1. Kapitel: Erste Erinnerungen	7
2. Kapitel: Kindheit und Schulzeit in Dresden	17
3. Kapitel: Schnorrversuche bei der Verwandtschaft	31
4. Kapitel: Im Krieg	35
5. Kapitel: Die ersten Nachkriegsjahre in Miltenberg	41
6. Kapitel: Konsolidierung in Sonthofen und in Paris	56
7. Kapitel: In der Truppe in Regensburg	70
8. Kapitel: Im Schulstab in Feldafing	79
9. Kapitel: Die letzten sechs Berufsjahre in Casteau	83
10. Kapitel: Lebensabend in Miltenberg	90
11. Kapitel: Epilog	104
Anlagen	116
Bildnachweis	130

Meinem Vater, William Manfred Schlieder, gewidmet.

Geschrieben für seine Enkel, Barbara, Sylvia, Michael und Frank.

Bei meinem Neffen, Michael Albeck, bedanke ich mich ganz besonders für dessen aufmerksames erstes Lektorat und die freundliche, kooperative Weise, in der er mich auf Fehler in meinem Manuskript über die Geschichte meines Vaters, seines Opas, an den er sich gut erinnern kann, hingewiesen hat. Meiner Tochter Sylvia gilt mein Dank für ihre sachkundige Hilfe bei der Formatierung und dem abschließenden Lektorat.

1. Kapitel: Erste Erinnerungen

Die frühesten Erinnerungen an meinen Vater sind diffus, punktuell aber dennoch recht präzise. Da ist der Konzertsaal im Alten Rathaus in Miltenberg, ich sitze neben Mutter in der ersten Reihe und bin fasziniert: Vater sitzt am Flügel und spielt, märchenhaft schön, wie mir scheint. Neben ihm Lore, meine spätere Klavierlehrerin, damals wohl kaum 12 oder 13 Jahre alt, in einem langen, blauen Kleid, mit schwarzem, langem Haar und blättert ihm die Noten um. War das Schneewittchen? Vater spielt Auszüge aus seiner Märchenoper „Schlaraffenland": Da ist der König mit seiner Königin, eine Prinzessin, ein Zauberer und der schlaue Hans, der die Prinzessin nach allerlei Verwirrung doch noch heiratet…

Ich war knapp 4 ½ Jahre alt damals, im Februar 1949 und habe Vaters Musik förmlich aufgesaugt: die Proben zu Hause, auf dem alten Klavier, der fesche Tenor, die Sopranistin mit ihren langen Handschuhen und dem funkelnden Abendkleid, der beeindruckend tiefe Bass in seinem Frack. Überall lagen Partituren und Libretti umher; später, als ich lesen konnte, habe ich sie geradezu verschlungen, den Freischütz, die Zauberflöte, den Zigeunerbaron…

Später ist dann da schemenhaft das Bild, wie er mit mir über die Wiese neben unserem Garten bergauf in den Wald geht, um eine Schnitzeljagd zu veranstalten: durchtrainiert und eben 26 Jahre älter als ich – damals muss ich ungefähr 5-6 Jahre alt gewesen sein –, jedenfalls konnte ich ihm kaum folgen. Auch danach war er mir immer voraus, denn er musste sich ja verstecken und mir die Fährte legen. Mir wurde das immer unheimlicher, je weiter die Schnitzeljagd ging, denn irgendwo im Wald hauste ja die Knusperhexe und vom Wolf und Rotkäppchen hatte ich auch gehört. Als er merkte, dass ich Angst bekam, gab er mir Zeichen: da hörte man auf einmal ein Käuzchen oder ein Fuchs fing an zu husten … Irgendwie muss ich ihn immer wieder gefunden haben, denn später gingen wir Hand in Hand bergab nach Hause.

Das andere Bild ist deutlich schmerzhafter. Der etwa gleichaltrige Junge des Landrats oder eines ähnlich hohen Potentaten, der unweit von uns wohnte, – Christoph Piniczkiewicz hieß er, wie ich heute noch weiß (den Namen werde ich wohl niemals vergessen) –, hatte mir vorgeschlagen, die prallen Köpfe der Mohnstauden, die meine Eltern angepflanzt hatten, mit einer Haselnussgerte zu köpfen. Das tat ich auch mit Wonne. Daraufhin zog Vater den Lederriemen aus der Hose und verwamste mich fürchterlich, denn aus dem Mohn wollten meine Eltern Mohnkuchen backen. Danach saß ich heulend auf dem Küchentisch und wurde von Mutter getröstet.

Später wurde es humaner, wenngleich immer noch gelegentlich schmerzhaft: Vater gab mir Klavierunterricht. Ich war darob anfangs wohl nicht unbedingt begeistert, übte wenig und wich den Klavierstunden aus. Mutters flehentliche Bitte, kurz vor einer angesetzten Stunde: „Harald, komm' doch und übe, Du weißt doch, wie Vater ist…", höre ich noch, wie heute. Und in der Tat: seine Kopfnüsse sind mir heute noch in schauriger Erinnerung. Dennoch: ohne sein Insistieren hätte ich wohl nie Klavier spielen gelernt. Bei meiner Schwester Claudia, drei Jahre später, hat er es erst gar nicht versucht.

Dann spielten wir vierhändig: unter vielen anderen Stücken die Romanze in d-Dur von Beethoven; er auf der Geige, ich auf dem Klavier. Ein anfangs schauriges Unternehmen, das durch Kopfnüsse allerdings im Laufe der Zeit immer besser gelang. Später so gut, dass ich mich heute noch gern daran erinnere. Schade, dass wir das Stück nicht mehr gemeinsam spielen können.

Auch an eine andere Freizeitbeschäftigung denke ich gerne zurück: Vater brachte mir das Bogenschießen bei. Anfangs mit einem selbst gebauten Gerät aus einem biegsamen Haselnussstecken, später mit einem kleineren Bambus-Bogen und dann mit einem ansehnlichen Hickory-Gerät. Dazu gab es „richtige" Pfeile, das heißt solche mit Metallspitzen und eine Strohscheibe. Da der Garten groß genug war, konnte dieses Hobby gefahrlos betrieben werden; auch die „verschossenen" Pfeile fanden sich (meistens) wieder, denn die Wiesen rings umher waren unbebaut und gut einzusehen. Vater muss das früher selbst einmal gelernt haben, denn ganz offensichtlich beherrschte er die erforderliche Technik: dass man den Bogen senkrecht hält, beispielsweise, die Pfeile zwischen Zeigefinger und Mittelfinger hält, nicht zwischen Daumen und Zeigefinger, wie man richtig atmet und dabei zielt, dass man einen Unterarmschutz braucht, um sich durch die zurückschnellende Sehne nicht die Innenseite des linken Unterarms zu verschrammen und – letztlich – welche Sicherheitsmaßnamen zu ergreifen waren, damit man andere nicht gefährdete. Das ging so lange gut, bis ich – ohne Vaters Aufsicht natürlich – mit einem Klassenkameraden auf die Idee kam, „in freier Wildbahn", d.h. auf der großen Wiese nebenan, aufeinander zu schießen. Es kam, wie es kommen musste: ich schoss Reinhard mit einem Pfeil mitten auf die Stirn. Geschrei, Blut, helle Aufregung … doch Gott sei Dank war sonst nichts weiter passiert. Das hätte allerdings auch ins Auge gehen können. Als Vater das erfuhr, hat er mir den Bogen weggenommen; von da an durfte ich nur noch unter seiner Aufsicht schießen. Ich hatte mit Schlimmerem gerechnet.

Ein weiteres Bild, an das ich oft denke: wohl zu Weihnachten 1956/57, ich war auf dem Gymnasium und hatte im ersten Jahr Französisch bei Frau Fattler. In der ersten Schulaufgabe hatte ich gleich eine Sechs geschrieben, so dass Vater mit mir Französisch paukte: so intensiv, dass ich in der nächsten Arbeit eine Zwei schrieb. Seitdem war ich stets der Beste der Klasse in Französisch.

In Mathematik war das nicht so einfach; denn erstens war das auch nicht unbedingt Vaters Stärke, zweitens war er ja meistens nicht da, denn er arbeitete seit 1950 während der Woche bei den Amerikanern in Hanau, später in Frankfurt. Also bat er Lore, eine seiner ehemaligen Klavierschülerinnen – und gut in Mathematik – mir nicht nur Klavierspielen beizubringen sondern auch Mathematik. Ersteres ist ihr gelungen, denn das machte mir Spaß, letzteres nicht, doch das lag ausschließlich an mir.

Dann ließ er mir „die Ohren anlegen". Da ich abstehende Ohren hatte – wie schon alle Vorfahren, an die man sich erinnern konnte, und meine Mitschüler mich neckten – versuchte es Dr. Krüger, der städtische Chirurg, mit mir: seine erste Schönheitsoperation, ohne Narkose, nur mit örtlicher Betäubung. Ich habe geheult wie ein Schlosshund, speziell, nachdem er mir das eine Ohr wieder abtrennte, den Knorpel noch etwas weiter kürzte, und dann alles wieder annähte. Dann ging Vater mit mir an der Hand nach Hause; ich mit einem riesigen, weißen Kopfverband. Mutter war einer Ohnmacht nahe, als sie das sah. Indes, alles war schon geschehen: Vater hatte es gerichtet. Zwei Tage später soll ich schon wieder Badminton gespielt haben.

An die gemeinsamen Badminton-Spiele kann ich mich ebenso gut erinnern. Anfangs Federball, später regelrecht und wettkampfmäßig. Sogar ein richtiges Badminton-Feld haben wir eingerichtet: das Grundstück war groß genug dafür. Natürlich hatte ich anfangs das Nachsehen; später habe ich gewonnen, denn dann war ich auf dem Höhepunkt meiner körperlichen Leistungsfähigkeit, Vater aber ließ nach. Wir haben lange gemeinsam Badminton gespielt. Später habe ich dieses schöne Spiel wettkampfmäßig, vor allem in Belgien, fortgeführt.

Später, wir wohnten damals im Allgäu, ging Vater häufig mit der ganzen Familie in die Berge: ausgedehnte Bergwanderungen im Sonthofener und Oberstdorfer Umfeld im Sommer, Skiausflüge ins Kleine Walsertal, aufs Oberjoch oder aufs Nebelhorn bei Oberstdorf im Winter. Dabei war stets Vater die treibende Kraft. Mutter ging zwar mit und erfreute sich – speziell im Sommer – an den schönen Bergblumen allenthalben, musste aber, vor allem im Winter, oft wider Willen zu ihrem Glück sanft „gezwungen" werden, denn Skifahren war nicht unbedingt eines ihrer Hobbies.

An zwei Bergtouren, die Vater mit mir allein unternahm, erinnere ich mich besonders gern: die eine führte auf den mit 1738m schon recht ansehnlichen „Grünten"; dabei führte Vater ein Blumenbuch mit, um bislang unbekannte Allgäuer Bergblumen zu bestimmen: die saftig-gelben Trollblumen beispielsweise, die zart gefiederten lila Soldanellen oder den blassblauen Frühlingsenzian, alles Blumen, die es in unseren früheren Gefilden am Main nicht gab. Die andere führte über die drei „Sonnenköpfe", ausgehend von Hinang und bot aus 1700 – 1800m Höhe einen phantastischen Ausblick auf die Allgäuer Bergwelt: allen voran auf den aus purem Fels bestehenden, zackigen Gipfel des „Hochvogel". Auch auf diesen mit seinen knapp 2600m sind wir, wenig später, jedoch gemeinsam mit anderen, gestiegen; ein Abenteuer der besonderen Art für mich als damals 14-jährigen Jungen, denn wir mussten in einer Berghütte des Alpenvereins übernachten, ein Geröll- und ein vereistes Schneefeld überqueren und uns dabei an einem Stahlseil festhalten. Auch Gämsen gab es dabei zu bestaunen, ja sogar Murmeltiere.

1960 wurde Vater nach Paris versetzt: Claudia und ich waren hellauf begeistert, Mutter entsetzt. Dann schrieb Vater jeden Tag einen Brief: mit wunderschönen Briefmarken! Und er bemühte sich offensichtlich, jeden Tag andere Briefmarken zu finden, Sondermarken mit Bildern von Matisse beispielsweise, denn er wusste: ich sammelte Briefmarken. Nicht, dass uns der Inhalt seiner Briefe nicht fasziniert hätte, im Gegenteil! Vater schilderte das neue Umfeld in leuchtenden Farben. Eine Oper gäbe es da in Paris und überall wunderbare Restaurants. Vater war Musiker und Gourmet. Wir konnten damals noch gar nicht erahnen, welche Genüsse uns da noch bevorstehen sollten.

Nachdem wir uns in einem Vorort von Paris, nach einem Zwischenspiel in einem Appartement in Marly-Le-Roi, in einer wunderschönen alten Villa in Louveciennes eingerichtet hatten, ging Vater häufig in Paris, das in einer halben Stunde mit dem Auto oder dem Vorortzug zu erreichen war, mit uns essen: in der Regel in ein vietnamesisches Restaurant in der Rue de Monsieur le Prince, im Quartier Latin, unweit des Panthéon. Natürlich klärte uns Vater zuvor über Monsieur le Prince – den Bruder Ludwigs IV. – auf, wie auch über Vietnam und alle seine kolonialen Zusammenhänge. Dann lehrte uns Vater, mit Stäbchen zu essen. Natürlich haben wir Kinder uns gefreut, als wir das bald besser konnten, als die Eltern.

Jeden Sonntag zelebrierte Vater seine „Crêpes Suzettes à la Val Murget": Die Crêpes Suzettes bestanden aus mehreren Lagen hauchdünner Pfannkuchen, mit Honig bestrichen, üppig mit Grand Marnier übergossen und flambiert ... Mutter war weniger begeistert, denn natürlich setzte das an und überdies musste die Küche nach solcherlei Schlemmereien regelmäßig schon fast grundüberholt werden. „Le Val Murget" war der geheimnisvolle Name unserer Villa, inmitten einer Obstplantage. Eine Lindenallee gab es da und die schönsten Edelrosen, die Vater persönlich düngte und verschnitt.

Danach Vaters ganz besonderes Spiel, eingeleitet stets von den Worten: „Wer sprach was zu wem in welchem Akt?" Ein literarisches Ratespiel ganz besonderer Güte: dabei ging es stets um Zitate aus Schillers, Goethes oder Shakespeares Dramen,

Komödien und Tragödien, aber auch um die Libretti der verschiedensten Opern und Operetten. Kein Wunder: Vater hatte Musik studiert, hatte ein ausgesprochenes Faible für Geschichte und las darüber hinaus für sein Leben gern, vor allem klassische Literatur. Da Vater auch neun Jahre lang Latein gelernt hatte, wurde dies alles üppig mit lateinischen Phrasen und Zitaten gespickt. Kurz: das allwöchentliche familiäre Frühstück war zwar bildungsintensiv aber mitunter anstrengend. Claudia hielt sich denn auch hin und wieder die Ohren zu, wenn es ihr zu bunt wurde; darauf erzählte Mutter weniger anstrengende, aber durchaus unterhaltsame Episoden vom Klapperteich auf der Oderinsel in Cosel in Oberschlesien, auf der sie mit ihren Eltern bis 1945 gelebt hatte.

Eines von Vaters geflügelten Worten, scherzhaft dahingeworfen, wenn Vater irgendein Malheur passiert war, das bei a n d e r e n mindestens zu einer Zurechtweisung geführt hätte, war: „Quod liced jovi, non liced bovi" – „Was dem Zeus erlaubt ist, ist noch lange nicht jedem Rindvieh erlaubt". Hierauf folgte in der Regel der Zusatz: „Wobei mit „jovi" i c h gemeint bin…"; weiter führte er das nicht aus, doch der zweite Teil seiner Auslegung war klar. Insbesondere Mutter und Claudia hat das geärgert, ich fand das eher witzig.

So musste denn auch Claudia hin und wieder durchaus unter Vaters paschahaften Allüren leiden. Eines Abends stand sie, etwa 14- oder 15-jährig, – auf u n s e r e r Seite des Gartentors – und unterhielt sich angeregt mit Rolf Haupt, einem etwa gleichaltrigen, riesengroßen, rothaarigen deutschen Schulkameraden, der unweit von uns wohnte. Angesichts dieser Unterhaltung muss sie wohl vergessen haben, dass die Zeit mittlerweile fortgeschritten war; Vater hatte aber befohlen, dass sie um 22.00 Uhr „drin" sei. Nun war sie ja drin, nur eben nicht im Haus, was für ihn aber offensichtlich gleichbedeutend mit „drin" war. Also setzte es eine schallende Ohrfeige, denn wer Vaters Gesetze brach, wurde bestraft. Konsequent, ohne Anhörung, ohne Milde und ohne Aussicht auf Bewährung.

Dann musste ich meinen deutschen Abituraufsatz schreiben, denn zusätzlich zu dem französischen Stoffplan hatten wir deutschen Schüler Deutsch- und deutschen Geschichtsunterricht. Folglich wurden wir auch in diesen beiden Fächern geprüft. Das Thema lautete sinngemäß: „ ‚Kann mir zum Vaterland die Fremde werden?' Wie beurteilen Sie diesen Satz aus Goethes ‚Iphigenie auf Tauris' angesichts eines zusammenwachsenden Europa heute?" Ich habe diese Frage, denn das Thema war ja offensichtlich auf uns „Auslandsdeutsche" und die beginnende europäische Einigung zugeschnitten, positiv beantwortet – sehr zum Entsetzen meines Vaters – so dass ich tagelang bedrückt und in Erwartung einer Sechs umher schlich. Doch dann bekam ich auf den Aufsatz eine Eins, das Abitur war gerettet und Vater hatte es kommen sehen.

Danach ging ich zur Bundeswehr. Die Eltern haben mich damals, am 1. Oktober 1963, nach Paris zum Ostbahnhof gefahren; und dann schrieben wir uns gegenseitig ein viertel Jahr lang, fast täglich, Briefe. Alle waren ungemein interessiert und nach dem Ende der Grundausbildung, als ich über Weihnachten und Neujahr nach Hause fahren durfte, gingen wir alle wieder gemeinsam zum Vietnamesen in die Rue de Monsieur le Prince essen. Zuvor aber wurden Madame Rossi, die in der Küche und beim Putzen half sowie Monsieur Robineaud, der zwei Mal in der Woche im Garten wirbelte, beschenkt: beide bekamen einen riesigen Korb mit „Fressalien" wie Vater sagte, und dabei ließ er sich nicht lumpen. Vater wusste: alle Franzosen, aus welchen gesellschaftlichen Schichten auch immer, aßen für ihr Leben gern und immer gut. Da gutes Essen auch eine von Vaters Leidenschaften war, konnte es nicht sein, dass wir uns delektierten und die beiden „guten Geister" nicht. Vaters Gerechtigkeitssinn war ausgeprägt.

Zu Weihnachten gab es Gans, zu Sylvester zuerst einen Karpfen, den Vater persönlich beim Fischhändler abholte, mehrere Tage in der Badewanne schwimmen ließ und dann schlachtete und ausnahm. Abends gab es Austern auf Eis, dazu einen trockenen Chablis. Die Austern öffnete er anfangs persönlich; später durfte ich dabei helfen. Um Mitternacht kredenzte Vater Champagner. Vater war Gourmet, durch und durch. Dann setzte er sich ans Klavier und spielte aus eigenen Kompositionen. Vater spielte göttlich, dabei in der Regel ohne Noten, denn die hatte er im Kopf. Nach Noten spielen war unter seiner Würde.

Nur, als es darum ging, das internationale Orchester, das er in seiner Freizeit dirigierte, so zu instrumentieren, dass es klang wie es sollte, mussten Noten her. Er selbst ging handschriftlich ans Werk und Claudia musste dies alles kopieren. Einmal musste Claudia – in Ermangelung eines entsprechenden Instruments – war es Haydns „Symphonie mit dem Paukenschlag"? – den Einsatz der Pauke bei einer Probe zu Hause auf einem Kochtopf simulieren. Er hat viel Erfolg gehabt mit seinem Orchester. Für sein musikalisches Engagement in Frankreich, das er später in Belgien jahrelang fortsetzte, ist er 1977 mit dem Bundesverdienstkreuz ausgezeichnet worden.

Überhaupt hat Vater unseren Sinn für Musik damals kultiviert, denn das bot sich an: die Pariser Oper war ebenfalls in einer guten halben Stunde mit dem Vorortzug zu erreichen. Was haben wir da nicht alles gesehen! Tschaikowskys „Schwanensee" als Auftakt quasi, in einer russischen Choreographie, Bizets „Carmen", den „Rosenkavalier" von Richard Strauss, „Les Indes Galantes" von

Rameaux und vieles andere. Für 7,00 NF[1] pro Person im Rang damals ein preiswertes Vergnügen.

Abends, speziell im Sommer, habe ich auch hin und wieder mit Vater Schach gespielt, auf der Terrasse, mit Blick auf unseren traumhaft schönen Rosengarten. Er hatte schon einmal versucht, mir Schach spielen beizubringen, vor gut 10 Jahren, damals noch in Miltenberg, nur hatten wir da noch keine Schachfiguren. Daher hat er die Symbole für die einzelnen Figuren in der „Schachecke" unserer Lokalzeitung ausgeschnitten und auf Stecknadeln gesteckt; diese musste man dann auf einem gezeichneten Schachbrett verschieben: ein kompliziertes Unterfangen. Jetzt war das leichter, denn mittlerweile hatten wir richtige Figuren. Anfangs hat er mich natürlich regelmäßig besiegt, später ich ihn. Ich glaube, das hat ihn gefreut.

---

[1] NF: **N**ouveau **F**ranc (Neuer Franc), aufgrund hoher Inflation ab 1.1.1960 eingeführte, neue (ehemalige) französische Währung. 1 NF entsprach 100 Anciens Francs (Alte Francs). 1 NF entsprach 1960 etwa 0,80 DM.

2. Kapitel: Kindheit und Schulzeit in Dresden

Eigentlich sei er ein Sonntagskind, das heißt: fast, hat er immer gesagt. Es fehlten nur 5 Minuten. Später habe ich das recherchiert: Erst auf seiner Geburtsurkunde, später bei Wikipedia, und siehe da: er war tatsächlich ein Sonntagskind, geboren am Sonntag, dem 29. September 1918, „vormittags um einviertel ein Uhr", wie deutlich so vom Standesamten vermerkt. Vater hätte das auch wissen können; er hätte ja nur auf seiner Geburtsurkunde nachsehen zu brauchen, doch Vater verließ sich in solchen Fällen aufs Hörensagen. Vater hatte viele Vorteile, aber genau war er nicht. Im Gegenteil: er hasste geradezu Genauigkeit und verachtete alle, die sich mit solch buchhalterischen Tätigkeiten abgaben. Für Vater galt allenfalls das gesprochene Wort – und das nur im Allgemeinen und wenn es gut klang und irgendwie plausibel erschien. So lebte er Zeitlebens in dem Irrglauben, dass er k e i n Sonntagskind sei, sondern diesen Zustand um fünf Minuten verpasst habe. Sogar in den „Memoiren" für seine Familie: „Ich über mich" aus dem Jahre 1981 hat er es noch so schriftlich festgehalten. De facto war er aber eines, wenn auch nur um eine viertel Stunde. Wäre das nicht so gewesen, wäre bestimmt vieles anders in seinem Leben gelaufen. Fatal anders. Er war aber eben ein Sonntagskind. Wenn auch gerade nur so.

Am 29. September 1918, in Dresden-Löbtau ist er also zur Welt gekommen, „vormittags um einviertel ein Uhr" in der Gohliser Straße 22, in der Wohnung seiner Eltern, wie sein Vater, der Maschinenmeister Richard Willy Schlieder, anderntags im Königlich Sächsischen Standesamt VI in Dresden-Löbtau zu Protokoll gab.

Keine gute Zeit, zur Welt zu kommen, damals, denn noch herrschte Krieg und die Inflation wurde immer grotesker. Rings umher brach die bisherige Welt mit all ihren Strukturen zusammen; ein Vorgang, den allerdings anfangs durchaus nicht alle begriffen, auch seine Eltern nicht, denn die hatten zu allererst mit sich, ihrer Arbeit und ihrem neugeborenen Kind zu tun, dem „dicken Kind", wie es alsbald in der Verwandtschaft hieß.

Wohnhaus in Dresden-Löbtau, Gohliser Straße 22.
Hier wurde William Manfred Schlieder am 29. September 1918,
im 2. Stock, in der Wohnung mit dem Balkon, geboren.

Natürlich wurde das Kind baldmöglichst in der nahegelegenen evangelisch-lutherischen Friedenskirche zu Löbtau getauft; danach, am frühen Nachmittag des 1. Dezember 1918 – wieder ein Sonntag –, gab es für alle Verwandten und Pastor Köhler eine Kaffeetafel zu Hause. Mutter Frida hatte Eierschecke gebacken, wie sich das – trotz immenser Lebensmittelknappheit – in einem sächsischen Haushalt bei Familienfeiern gehörte und irgendwie doch noch bewerkstelligen ließ. Oma Bertha Franziska aber, die eigens aus Oberrathen in der Sächsischen Schweiz angereist kam, legte den Grundstein zu einer neuen Tradition: sie buk einen Pflaumenkuchen, denn der Pflaumenbaum in ihrem Garten hatte in diesem Jahr besonders üppig getragen. Von nun an wurde bei *jedem* Geburtstag von Manfred ein Pflaumenkuchen gebacken.

Mittlerweile – am 9. November – war in Berlin die Republik ausgerufen worden, der deutsche Kaiser, Wilhelm II., hatte sich nach Holland abgesetzt und auch der sächsische König hatte, wie alle übrigen regierenden Fürsten in Deutschland, abgedankt. „Machd doch eiern Drägg alleene" soll er am 13. November auf Schloss Guteborn gesagt haben. Danach zog er sich auf sein Landgut Sibyllenort bei Breslau in Schlesien zurück.

Auch die meisten übrigen noch bestehenden Strukturen in Europa zerbrachen in rascher Folge: Kaiser Karl I. hatte am 11. November dem Thron entsagt; damit hatte auch das Habsburger Reich faktisch aufgehört zu bestehen.

Am 6. Februar 1919 wurde die deutsche Nationalversammlung in Weimar einberufen, wohl um die Versammlung vor den Unruhen in Berlin zu verschonen. Mit dem Versailler Vertrag schließlich und den Pariser Vorort-Verträgen wurde das Schicksal des Deutschen Reichs, von Österreich-Ungarn, Bulgarien und der Türkei in den Folgemonaten endgültig besiegelt.

Was dies alles bedeutete, wurde dem Volk erst allmählich bewusst, trug aber ganz sicherlich wesentlich mit dazu bei, radikale Gruppierungen entstehen zu lassen, auch in Dresden. „Die Geburtsstätte der nationalsozialistischen Bewegung ist nicht München, sondern Versailles", meinte Theodor Heuss später.[2]

Am Neujahrstag des Jahres 1919 war überdies Mutter Fridas Vater, Moritz Wilhelm Nitzsche, im Kreise seiner Familie gestorben. Nur 54 Jahre alt war er geworden. Bei seinem Begräbnis goss es wie aus Kannen. Nun wohnte seine Witwe, Ida Emilie, allein mit ihrer noch unverheirateten Tochter Liddy in ihrer Wohnung am Nostitz-Wallwitz Platz 1. Nur gut, dass es nicht weit von dort zur Gohliser Straße 22 war, denn so konnte man sich gegenseitig helfen und das war wichtig in dieser Zeit der Lebensmittelknappheit, der immer schneller galoppierenden Inflation und der Ungewissheit darüber, wie es weitergehen sollte.

Willy und Frida Schlieder mit ihrem Sohn Manfred, Anfang 1919

---

[2] Zitiert in Dieter Wunderlich: Buchtipps & Filmtipps, Hintergrundinformationen: Der Versailler Friedensvertrag, 2006, bei Wikipedia

All dies berührte Manfred, denn nur so wurde das „dicke Kind" alsbald gerufen, natürlich überhaupt nicht. Manfred aß alles, was er bekommen konnte und gedieh prächtig.

„Ich war… sehr ungebärdig und soll intelligent gewesen sein…" schreibt er in seinen Memoiren. „Mit fünf Jahren konnte ich jedenfalls lesen und kurz danach schreiben. Auch konnte ich an den Fingern zählen und rechnen. Weiter habe ich es auf diesem Gebiet auch später nicht gebracht.

Noch nicht sechs Jahre, kam ich in die Schule.[3] Sie hat mich sehr gelangweilt. ‚Auf – ab – auf und ein Mützchen drauf', kam mir kindisch vor. Deshalb las ich meistens in der Schule. Die Lehrer mochten das nicht so gerne. Einer hat mir deswegen mal eine geklebt – da mochte ich ihn auch nicht mehr.

Die Volksschule gab sich alle Mühe, mich so schnell wie möglich weiterzureichen – an das ‚Gymnasium Wettinianum' in Dresden – nach einer Aufnahmeprüfung, versteht sich.

Ich fand die neue Schule sehr interessant, bis ich feststellte, dass es durchaus auch ohne Lernen ging. Da fand ich Lesen in der Schule interessanter! Einer hat mir dann mal wieder eine geklebt und mich eine Stunde in den Arrest geschickt – da fand ich auch diese Schule gar nicht mehr so interessant. Außerdem soll ich zu Hause wieder recht ungebärdig gewesen sein.

Ein Bekannter meiner Eltern gab diesen (daher) den Rat, es doch mit der Landesschule in Klotzsche – der ehemaligen Kadettenanstalt – zu versuchen, zumindest wäre ich in diesem Internat gut aufgehoben; außerdem galt es als sehr streng. Meine Eltern versuchten (es also) – und ich musste wieder einmal eine Aufnahmeprüfung machen.

---

[3] 37. Volksschule zwischen der damaligen Herbertstraße (heute: Emil-Ueberall-Straße) und der Stolle-Straße (besteht heute noch; Anm. des Autors)

Das Gymnasium Wettinianum am Seidnitzer (heute Wettiner) Platz mit seinem Wahlspruch: „Humanitati, Virtuti, Modestiae"[4]

Die Schule nahm jedes Jahr nur ca. 40 Jungen auf, aus ganz Sachsen. Dafür war sie billig. 52,00 RM den ganzen Monat, fürs Schlafen, Essen, Trinken und Schulgeld, natürlich.

Ich bestand die Prüfung und wurde, nachdem meine Eltern mich abgeliefert und mit einem Bündel Ermahnungen zum Wohlverhalten versehen hatten, zur Begrüßung erst einmal von meinen älteren Mitschülern, den Herren Kameraden, ordentlich verdroschen, zur Einstimmung, sozusagen.

Später habe ich die anderen verdroschen, aus Dankbarkeit, sozusagen.

---

[4] Lat.: „Für Menschlichkeit, Tugend, Bescheidenheit"

Relief an einem der Unterkunftsgebäude der NPEA Dresden-Klotzsche

1933 begann das Tausendjährige Reich und wir wurden NAPOLA – Nationalpolitische Erziehungsanstalt.[5] Wir sollten später mal den Führernachwuchs für das Großdeutsche Volk abgeben!

---

[5] 1934 wurde die 1925 – 27 von Heinrich Tessenow errichtete Landeserziehungsanstalt Sachsen in Dresden-Klotzsche auf dem Thümmelsberg in „Nationalpolitische Erziehungsanstalt (NPEA) Rudolf-Schröter-Schule" (im Volksmund „NAPOLA") umbenannt und einem neuen Direktor, Ministerialrat Dr. Walther Kleint, unterstellt. Dieser war seit 1925 Mitglied der NSDAP und wechselte Zug um Zug, offiziell zur Durchsetzung des „Gesetzes zur Wiederherstellung des Berufsbeamtentums", viele Lehrer aus. Auch die Auswahl der Schüler wurde verschärft. Während MinDir Dr. Kleint noch ein väterliches Verhältnis zu den Schülern pflegte, setzte dessen Nachfolger, Dr. Herbert Barth, eine Militarisierung des Schulalltags durch. Die NPEA Klotzsche mit ihren ca. 250 Schülern sollte in der öffentlichen Wahrnehmung als eine Mustereinrichtung gelten. Ihre Zöglinge sollten, wie diejenigen der übrigen 37 NPEA im Deutschen Reich, zum Führungsnachwuchs des NS-Staates, „frei von artfremden Einflüssen" und im Geiste der „Freiheit von den Fesseln von Versailles" herangezogen werden.
Das Motto der NPEA-Erziehung lautete: „Glauben, Gehorchen, Kämpfen." Zum Unterrichtsstoff gehörten: Mathematik, Biologie, Chemie, Physik, Latein, Deutsch, Geländedienst einschließlich Kleinkaliber-Schießen, weltanschauliche Ideen, Sport. Der Sportunterricht (täglich von 14.30 – 16.30 Uhr) umfasste

Soviel ich weiß, ist von meiner Altersgruppe nicht mal einer bei der Partei gewesen. Ging auch gar nicht; sie wurden alle Offiziere bei der Wehrmacht.

Bis auf einen: mich. Ich war musikalisch und ein Herr Kammermusiker der sächsischen Staatskapelle, der mir auf Schulkosten Unterricht gab, meinte, Offiziere gäbe es genug, Musiker aber zu wenig… Ich machte wieder mal eine Aufnahmeprüfung, an der sächsischen Musikhochschule. Ich spielte das Violinkonzert von Bériot in a-Moll – die Dame, die mich begleitete, war der Ohnmacht nahe –, dem hohen Chef, der die Prüfung abnahm, Staatskapellmeister Striegler,[6] gefiel es anscheinend! Er lachte aus vollem Halse und sagte, so etwas habe

Doch so weit sind wir noch nicht. Ein Wort zu Vaters Verhältnis zur Schule erscheint, vor der Schilderung seiner weiteren Karriere, durchaus angebracht, denn sie hat ihn wohl in

---

Rudern, Reiten, Fechten, Boxen, Skifahren, Segelfliegen sowie Auto- und Motorradfahren.
Im Lehrfach Deutsch wurden u.a. unterrichtet: Mittelhochdeutsch, Minnesang, „Der Ackermann aus Böhmen", (Johannes von Saaz), Heinrich von Hutten, Luther, Grimmelshausen. Der Englischunterricht war erstklassig; Französischunterricht wurde in den letzten drei Jahren erteilt, dafür fand ab 1936 kein Religionsunterricht mehr statt.
Die Schule bestand aus 1 Verwaltungsgebäude, 6 Internatsbauten, 1 Festsaal, 1 Turnhalle und 1 Sportstadion.
Ferner verfügte die Schule über ein Anstaltsorchester, in dem auch mein Vater spielte.
Die (uniformierten) Schüler („Jungmannen") waren in 8 Züge militärisch gegliedert.
(Anm. des Verfassers, frei nach den Informationstafeln in der heutigen Berufsgenossenschaftlichen Akademie für Arbeitssicherheit und Gesundheitsschutz; teilweise nach Erzählungen meines Vaters. Vgl. auch entsprechende Seiten bei WIKIPEDIA).
[6] Staatskapellmeister Kurt Striegler: 7.1.1886 Dresden – 4.8.1958 Wildthurn. Beherrschte das gesamte Dresdener Opernrepertoire von ständig etwa 50 – 60 Werken auf Abruf. Kompositions- und Dirigierlehrer an der Orchesterschule der Sächsischen Staatskapelle und am Dresdener Konservatorium. (Aus Erzählungen meines Vaters. Vgl. auch entsprechende Seiten bei WIKIPEDIA).

ganz besonderem Maß geprägt. „Non scholae sed vitae discimus"[7], war denn auch einer seiner lateinischen Sprüche, an die ich mich lebhaft erinnere; er war mir geläufig, lange bevor ich auch nur das erste Wort Latein auf der Schule gelernt hatte. Alle seine späteren Vorlieben und Talente müssen da entwickelt – und wohl auch gefördert – worden sein, denn wo sonst. Allenfalls sein Vater, Richard Willy, mag ihn noch gelegentlich angeregt haben, mit seiner Vorliebe für Schiller und seine Werke, aus denen er häufig zitierte. Kein Wunder, denn die Stadt Dresden hatte ihm 1905 seine Gesammelten Werke, anlässlich des 100. Geburtstags des Dichters, für gute Leistungen im Deutschen geschenkt.

Da sein „ungebärdiges" Verhalten, schon während seiner Volksschulzeit, wohl das eine oder andere Mal Anlass dafür bot, dass sich seine Eltern mit den Lehrern trafen, hat er sich später, als er selbst Kinder auf der Schule hatte, vorsorglich recht häufig bei deren Lehrern blicken lassen; an seinen persönlichen Nachhilfeunterricht im Französischen, als ich im Gymnasium war, seine Intervention bei meinem damaligen Oberstdorfer Mathematik-Lehrer, Studienrat Thomae oder seine wiederholten Besuche bei der Lehrerschaft der Internationalen Schule in Saint Germain, später in Frankreich, kann ich mich gut erinnern. Wie schon gesagt, die Französisch-Intervention bewirkte, dass ich von nun an keinerlei Probleme mehr in diesem Fach hatte, sein Einwirken auf den Mathe-Lehrer verbesserte meine Sechs in diesem Fach im Nu zumindest auf eine passable Vier und sein regelmäßiges Nachfragen beim Direktor der Internationalen Schule, und bei unserem Lehrer für Deutsch und deutsche Geschichte, hat mich wohl auch dort manche Klippe, z.B. als ich in zwei Jahren mindestens drei Jahre Latein auf Französisch nachholen musste, erfolgreich überwinden lassen. Entsprechend

---

[7] Lat.: „Nicht für die Schule, fürs Leben arbeiten wir"

hat ihn der Bestpreis, den ich eines Tages, im Sommer 1961, erhielt: „Kleists gesammelte Werke", wohl mindestens ebenso gefreut wie mich. Meine erfolgreiche Lateinprüfung im Vorabitur, 1962 in Paris, hat er – ohne zu zögern – zum Anlass genommen, am selben Tag, noch vor unserer Abreise in den Sommerurlaub nach Deutschland, mit uns in Paris essen zu gehen.

Doch schon weit vorher, es muss im Juli 1955 gewesen sein, hatte Vater Grund zur eher unerwarteten Freude: ich war – wider Erwarten – nach meinem durchaus schwachen Schulstart in der Oberrealschule, versetzt worden. Für diesen – unwahrscheinlichen – Fall hatte er mir versprochen, mit mir nach Heidelberg zu fahren um mir dort, im Schloss, das größte Fass der Welt zu zeigen. Ich weiß im Nachhinein nicht mehr, ob es dieser Ansporn allein war, der meine Versetzung bewirkt hat. Tatsache aber bleibt, dass er mich nach erfolgter Versetzung auf seine Lambretta setzte und mit mir quer durch den Odenwald nach Heidelberg fuhr. Ich war begeistert. Zweifellos war Vater gerecht. Er tadelte und strafte, aber auf Leistungen folgte ebenso konsequent Lob und Belohnung.

Auch sein Lateinunterricht und die Unterrichte in römischer Geschichte während seiner Zeit am Wettiner Gymnasium und danach müssen ihm mächtig imponiert haben, denn wie sonst wären wir wohl jahrelang mit Vorträgen und Belehrungen hierzu – dabei durchaus unterhaltsam – traktiert worden.

An der NAPOLA in Dresden-Klotzsche ist ihm wohl auch nachhaltig beigebracht worden, wie „man" geht, steht und sitzt. Seinen Befehl „Kopf hoch! Brust raus! Bauch rein!", wenn ich wieder einmal als Halbwüchsiger vor mich hin schlappte, werde ich wohl nie vergessen, ebenso wenig wie seine Vorliebe für „exotische" Sportarten, die zu praktizieren er dort offensichtlich mannigfache Gelegenheit gehabt hatte: selbst als er schon Bataillonskommandeur war, Mitte der sechziger Jahre in

Regensburg, hat er mir Säbelfechten in den Anfangsgründen beigebracht. Jugendmeister soll er gewesen sein, hat er uns einmal erzählt: wo im Einzelnen, ob in Dresden oder auf der NAPOLA blieb unklar, wie so viele Details in seinen Erzählungen. „Groß denken" war eine seiner Devisen, „nur Kleingeister halten sich mit Kleinigkeiten auf". Auch seine Offiziere mussten bei ihm mit dem Säbel fechten, ob sie wollten oder nicht. Nicht dass das in irgendeiner Ausbildungsrichtlinie vorgesehen war; Vater wollte das so und sein Wille war Gesetz.

So allmählich hatte sich nun mittlerweile Manfreds „Gesichts- und Wirkungskreis" erweitert. Von der elterlichen Wohnung (nunmehr zwei Häuser weiter, in der Gohliser Straße 18), zur 37. Volksschule waren es nur wenige hundert Meter; ein Katzensprung: in sieben Minuten war das zu Fuß zu schaffen, selbst als kleiner Junge und im Schlenderschritt.

Zum Wettiner Gymnasium war es schon etwas weiter; da erwies es sich als vorteilhaft, dass ihm sein Vater, der bei Meister Kühne in Dresden-Cotta in die Mechanikerlehre gegangen und Fahrradbau gelernt hatte, beizeiten ein – selbstgebautes – Fahrrad geschenkt hatte. Doch in gut 10 Minuten war auch diese Strecke zu bewältigen, es sei denn, das Gefährt streikte. Das war allerdings selten der Fall, denn Vater Willy zeigte ihm schnell, wie man diverse Pannen reparierte. Überhaupt wurde Fahrradfahren groß geschrieben in diesen Jahren, denn an Wochenenden fuhr die ganze Familie häufig nach Oberrathen um Oma Bertha Franziska zu besuchen, die nach dem Tod ihres Mannes, des Bahnwärters Ernst Paul Schlieder, dort alleine wohnte und ihr Gärtchen beackerte.

Wild romantisch war es dort, im Elbsandsteingebirge, direkt gegenüber der Bastei, dem Amselgrund und nur durch eine große Wiese von der Elbe getrennt. Gut 35 km waren es, quer durch die

Stadt und dann durch die Elb-Auen, immer flussaufwärts und ohne viel Verkehr auf der Straße.

Es war aber auch eine Wonne, auf diesem Fahrrad: es hatte die richtige Größe und lief wie geschmiert; zudem war es leicht, denn auf Schnickschnack wie Gepäckträger oder Beleuchtung hatte Vater Willy verzichtet

Vater Willy mit Sohn Manfred auf ihren selbstgebauten Fahrrädern auf dem Weg nach Oberrathen im Frühjahr 1925

Wild romantisch ging es auch zu, als das Wettiner Gymnasium im Sommer 1929 im *Kinnerhüsing „Hessen"* im Ostseebad Prerow bei Stralsund einen Ferien- und Erholungsaufenthalt organisierte.

Gemeinsame Bootsfahrten wie auf dem Segler „Adler" auf der Ostsee gehörten zu den Abenteuern an die sich Manfred immer wieder gerne erinnerte. Natürlich wurden dabei auch Fische gefangen und anschließend an langen Stecken über dem Lagerfeuer geröstet. Anschließend wurden bunte Drachen mit langen Schwänzen gebastelt; die ließ man dann am Strand steigen.

Noch gut fünfundzwanzig Jahre später hat er uns Kindern auch das beigebracht.

Manfreds Schulklasse auf dem Segler „Adler" im Sommer 1929 auf der Ostsee. Manfred in der dritten Reihe, unter dem Segel, vierter Junge von rechts.

Später, zum Internat, war es zwar nicht ganz so weit wie nach Rathen: die NAPOLA in Klotzsche lag nur an die 11 km von zu Hause entfernt, war also auch mit dem Fahrrad zu erreichen; das nutzte allerdings allenfalls am Samstagnachmittag und am Sonntag etwas, denn nur da gab es Ausgang. Doch Abenteuer und Ausflüge standen auch dort reichlich auf dem Programm. Woher sonst sollte Vaters Hang zu allem Abenteuerlichen und möglichst weiten Reisen kommen?

Möglich, dass diverse Abenteuer – kriegsbedingt – auf dem Balkan dazu beigetragen haben. Das hat lange nachgewirkt, zweifelsohne, denn auch ich hatte dort, über 50 Jahre später, manches „Abenteuer" zu bestehen. Natürlich habe ich dabei an ihn gedacht, vor allem in Zagreb, dem früheren Agram, wo er noch 1945 dirigiert hatte. Er rief übrigens auch manchmal an bei mir, als ich in Sarajevo war damals, 1996/97 und ein Jahr später wieder, 1997/98, durchaus besorgt.

3. Kapitel: Schnorrversuche bei der Verwandtschaft

„Ich hatte natürlich auch eine Verwandtschaft…" schreibt Vater in seinen Erinnerungen. „…Onkel Hans – ein sehr gütiger Mensch, künstlerisch begabt, Kunsttischler von Beruf – der, genau wie mein Vater, das Zeug dazu gehabt hätte, es weit auf der Karriereleiter zu bringen. Aber ohne Geld, und damit ohne Schulbildung, war in dieser Zeit nichts drin.

Dieser Onkel Hans hatte immer ein gutes Wort für mich, und soweit möglich, immer eine offene Tasche.

Und die Tante Dora, Schwester meines Vaters, gab natürlich auch, wenn immer sie konnte.

Am sichersten jedoch waren Schnorrversuche bei der Oma, der Mutter meiner Mutter. Sie hatte zwar das kleinste Einkommen, ein bisschen popelige Rente, aber Geld hatte sie immer. Zumindest für mich.

Sie hat, wie wir später heraus bekamen, manchen lieben Tag, außer einem Hering für 10 Pfennige und einigen Kartoffeln, nichts gegessen. Als meiner Mutter das klar wurde, musste sie zu uns in die Wohnung ziehen, Platz hatten wir ja genug. Da musste sie essen, ob sie wollte oder nicht.

Von Tante Liddy, Schwester meiner Mutter, war in punkto Finanzen nichts zu erwarten; sie hatte selbst zwei Kinder, den Helmut und den Werner.

Werner starb, etwa 16 Jahre alt, an einer Gasvergiftung. Wollte sich Kaffee heiß machen, schlief ein, das Wasser kochte über und erstickte die Flamme. Das Gas strömte aus. Aus.

Einen Paten hatte ich auch. Den Onkel Paul – Freund meines Vaters – und die Tante Liesel. Sie hatten en Elektrogeschäft, es aus kleinen Anfängen zu etwas gebracht und außerdem eine sehr hübsche Tochter, die Traudl. In meinem Alter und sehr lieb!

Da habe ich mich bei dem Schnorren immer recht geniert! Obwohl es bei Onkel Paul eigentlich am leichtesten war; man musste nur immer recht militärisch sein. Onkel Paul war im ersten Weltkrieg bei der Marine gewesen und hatte einige Seeschlachten mitgemacht. Als Maat, versteht sich. Als ich später Leutnant war, hat er sich geniert, obwohl er stolz war, mein Pate zu sein. Versteht sich!

Ich hatte natürlich noch eine Oma – meine beiden Großväter hatten ja das Zeitliche kurz nach (bzw. vor: der Verfasser) meiner Geburt gesegnet – die Schlieder-Oma. Aber die lebte, als die großen Schnorrzeiten angebrochen waren, nicht mehr.

Ja, die Schlieder-Oma! Ihr verdanke ich, neben meinen Eltern, eine sehr glückliche Kindheit. Sie lebte in Oberrathen, im Elbsandsteingebirge, der Sächsischen Schweiz. Ich habe dort alle Ferien und einen Großteil der Wochenenden verbracht.

Die Oma besaß praktisch nichts, aber sie hatte immer genug von allem und konnte immer geben. Für uns heute völlig unverständlich.

Im Sommer wurden Pilze getrocknet und Beeren, jede Menge. Eingekocht, Marmelade gemacht. Ähren, Äpfel und Birnen gelesen. Holz – die Oma lebte am Rande des Waldes – wurde gesammelt, gesägt und gehackt. Dabei hatte sie immer Zeit und gute Laune. Im Winter spielte sie die herrlichsten Spiele mit uns. Uns? Uns!

Da war nämlich noch Elisabeth. Die Tochter meines zweiten Herren Paten. Herr Direktor Zumpe. Leiter der Sozialabteilung der Kreisverwaltung Pirna. Ein unheimlich hohes Tier! Er fuhr mit der Eisenbahn nur 2. Klasse (von fünf)! Ein für mich fast unvorstellbarer Luxus! Er war trotzdem nett und freundlich. Seine

Frau nicht immer und nur, wenn sie gute Laune hatte, dann aber sehr.

Ich wollte Elisabeth natürlich heiraten, sie mich auch. Der Krieg hat es verhindert. Ja der Krieg! Aber eigentlich war die Flamme Elisabeth schon viel früher erloschen…

Die Hitlerjugend[8] hatte ich zwischenzeitlich vergessen. Der Nationalsozialistische (Deutsche) Studentenbund legte aber Wert auf meine Mitgliedschaft. Und da ich ohne dieselbe das Studium hätte bezahlen müssen – was weder ich noch meine Eltern gekonnt hätten – war ich so frei. Ich wurde auch sehr schnell Gruppenführer. Schick.

Ich bekam von da an immer Freikarten für die großen Dresdner Bälle: Opernball, Akademieball, Presseball. Das war auch nötig, da ich es zu einer Freundin gebracht hatte, äußerst schick und hübsch, die Ursula – angehende Sängerin – und da musste ein Kavalier ja schließlich etwas bieten. In diesem letzten halben Jahr vor dem Krieg war ich sehr gebärdig; ich musste überall Geld schnorren, bei Onkeln, Tanten, Paten.

Die (Ursula) wollte ich nun ganz bestimmt heiraten! Deswegen habe ich mich auch nicht geniert, wenn wir einmal zusammen – für die damalige Zeit unmöglich – verreisten.

Meine Eltern genierten sich natürlich für mich, so sie etwas wussten – und ihre Mutter wusste natürlich nichts. Mein Gott, wenn die etwas gewusst hätte! Deswegen schrieb … Ursula Postkarten. Vor der Reise und von wo anders. Eine Freundin hat sie dann dort in den Briefkasten gesteckt. Und Frau Mama war beruhigt ob des Lebenswandels ihrer sittsamen Tochter.

---

[8] Gemeint ist wohl der Reichsarbeitsdienst (RAD), in dem er nach dem Abitur, vom 1.4. – 30.9.1937, anfangs als Arbeitsmann, später als Vormann, bei der RAD-Gruppe 155 in Freiberg / Sachsen, diente (Anm. des Autors)

Mich mochte sie nicht besonders, die Frau Mama. Entweder hatte sie Ahnungen oder nur, weil ich nichts war, was ich ja *heute* gut verstehen kann. Aber schön war's doch. Das und die!

Ich spielte im übrigen nicht mehr nur die Geige sondern auch das Klavier, und lernte dirigieren und komponieren, bei eben jenem Herrn Staatskapellmeister Striegler…"[9]

---

[9] Manfred Schlieder: a.a.O.

4. Kapitel: Im Krieg

„Ja, dann kam er, der Krieg…" erinnert sich Vater weiter.

„Ich hatte noch kurz zuvor zu meinem Freund Fritz Hartung (dem späteren stellvertretenden Musikinspizienten der Bundeswehr) gesagt: ‚…ich, Soldat? Nie!!!'

Einige Wochen später wurde ich dann, nach einem traumhaft schönen Urlaub im Erzgebirge, für drei RM den Tag, zu den Fahnen geeilt. Man brauche mich für eine kurzfristige Übung, teilte man mir mit. Die dauerte dann sechs Jahre!

Ich kam nach Dresden-Übigau, zur Nachrichten-(Ersatz-) Abteilung 4. Zu den Nachrichten hatte ich mich bei der Musterung gemeldet, da mein Freund – der Werner Lahl war bereits Soldat, Fahnenjunker natürlich – mir erzählt hatte, das schlaueste Leben hätten die Strippenzieher.

Wenn schon, dann ein schlaues Leben.

Es gefiel mir jedoch nicht, bei den Soldaten. Überhaupt nicht. Doch ich wurde nicht gefragt, jetzt und auch später nicht. Anfang Januar … kam ich an die Westfront, an die holländische Grenze, ostwärts von Venlo.[10] Dort war es sehr kalt und es gefiel mir noch weniger.

Endlich, im Mai, ging dann der richtige Krieg los und ich musste mit vielen Anderen Holland, Belgien und Frankreich erobern.

Frankreich gefiel mir gut, besonders Paris. Dorthin hatte ich mich mit einem Freund für eine Nacht und einen Tag unerlaubt entfernt! Es hat aber keiner gemerkt. Deswegen war ich auch später, bei derlei Vorkommnissen, recht milde.

---

[10] Vater wurde am 29.12.1939 zur 2./ Nachrichten-Abteilung 156 (56. Infanterie-Division) versetzt

Im September des glorreichen Jahres 1940 wurde meine Division, ganz gegen meinen Willen, nach Oberschlesien verlegt. Nach Kunau, Kreis Kreuzberg (siehe „Soll und Haben"). Dort gefiel es mir durchaus nicht! Bis auf die Tochter meiner Wirtsleute, die gefiel mir sehr gut…

Da, fünf Minuten vor Zwölf, der Lichtblick: Studienurlaub! Wer vor Vollendung seiner Studien stand und binnen eines halben Jahres diese mit dem Staatsexamen abschließen konnte, bekam Urlaub. Ich konnte! Ich hätte zwar noch ca. 2 Jahre gebraucht, aber in so einem Fall kann man, wenn man will. Und ob ich wollte! Mein Kommandeur glaubte mir aufs Wort und unterschrieb den Schein. Ab!!!

Mein Staatskapellmeister lachte wieder einmal – wie ich heute glaube, etwas säuerlich – aber er machte gute Miene zum bösen Spiel. Und da habe ich meinen Teil auch gespielt und wirklich viel gearbeitet – ohne Ursula, denn die war nicht mehr da, im Engagement und mit festem und sehr reichem Freund.

Na ja! Eben doch nur fünf Minuten vor Zwölf!

Irgendwann im April 1941 habe ich dann meine Chor- und Kapellmeisterprüfung abgelegt. Einstudierung von Teilen des Oratoriums „Die Schöpfung" und der „Unvollendeten" von Schubert (kann ich zum Teil heute noch auswendig). Und bekam einen Vertrag als Chorrepetitor an die Oper und, fast zur gleichen Zeit, meine erneute Einberufung zur Wehrmacht: zu meiner alten, so lieben Nachrichten-(Ersatz-) Abteilung in Oberschlesien. Da half kein Schmollen und kein Schminken – da war ich wieder!

Ein Leutnant lief mir über den Weg (oder ich ihm), ein „Neuer" jedenfalls… „Sie müssen ja eine schöne Pfeife sein, EK[11]

---

[11] EK: Eisernes Kreuz (Tapferkeitsauszeichnung)

und nur Gefreiter!" Das EK hatte ich irgendwo in Belgien[12] bekommen und mehr als Gefreiter konnte ich gar nicht sein, da ich ja Studienurlaub hatte. Aber dieses Rindvieh musste Stunk machen. Im Grunde hat dieser Mensch (aber) etwas sehr Gutes getan: Es fiel mir wie Schuppen von den Augen... der Krieg dauert ewig... Also musst du etwas werden, damit nicht jeder Idiot dich anmeckern kann.

Kurz darauf wurde ein Auswahllehrgang für Reserveoffiziere gestartet; 26 Mann – und einer sollte zur (Offizier-) Schule gehen. Es waren lauter nordische Lichtgestalten. Außer mir. Glücklicherweise waren die meisten der „Nordischen" dumm und die anderen hatten ein schlechtes Gedächtnis.

Zwangsläufig kam man auf mich zurück. Ich durfte – inzwischen hatten wir ja längst wieder Krieg – <u>wir</u> durften Russland erobern und waren bis Korosten gekommen, ich als Truppführer und Unteroffizier... ich durfte also von da aus nach Leipzig zur Offizierschule fahren! September 1941! Leipzig! 8. OAL![13] Wir wurden maltraitiert und geschunden, mussten vom 10m-Turm springen, vom 5m-Brett Salto vorwärts und rückwärts machen, völlig gleich, ob einer schwimmen konnte oder nicht, Hocke und Grätsche über das Hochreck – zumindest simulieren –, Handküsse und Verbeugungen lernen und, und, und... mussten zur Tanzstunde gehen! Bei Freifrau von Pelchrzym. War die fein!

Ja, dort lernte ich Marga kennen, über Umwege allerdings, aber mit Schläue. Sie war die Tochter eines Rittergutsbesitzers und ich wurde mit dem Schlitten abgeholt und zum Hasenbraten eingeladen.

---

[12] Vater war die Auszeichnung am 30. Mai 1941 bei Oosterzele in Belgien (ca 15 km südl. Gent) als stellvertretendem Truppführer eines schweren Feldfernkabeltrupps anlässlich einer Störungssuche bei starkem Artillerie- und Infanteriefeuer verliehen worden
[13] OAL: **O**ffizier**a**nwärter-**L**ehrgang

Nein, war die süß!

Die wollte ich natürlich heiraten! Sie hat mir dann später, als ich wieder in Russland war, auch brav und immer wieder Zucker geschickt. Der war nämlich knapp.

Wie das Leben so spielt. Ich wurde natürlich gleich Leutnant, andere Wachtmeister OA[14]. Ich fand mich schnell in Russland wieder, als Zugführer, in Charkow. Dort wäre ich um ein Haar vergiftet worden, mit Alkohol, oder auch erschossen, mit einer Pistole, denn das Offizierkorps war völlig besoffen; der Wodka floss in Strömen! Teils, weil ein Sieg gefeiert wurde, teils zu meiner Begrüßung. Es ging jedoch noch einmal gut und am nächsten Morgen begann der Einsatz.

Wir rollten, verlegten Kabel, bauten Kabel ab, verlegten Kabel, machten Störungsdienst, bis wir schließlich zur Wolga kamen. Als ich die ersten Kamele … und Kalmücken ohne Nasen sah, da wusste ich, dass wir das Ende der Welt erreicht hatten. Am Tatarengraben war dann Schluss, endgültig. Schön war es dort nicht, nur Schnaps gab es jede Menge, sonst nichts.

Wie das Leben eben spielt: Ich sollte Kompaniechef werden. Wir waren etwa 50 km zurückgezogen worden: zu viele Verluste. Dort hat es mich dann erwischt; ich bekam Typhus. Außerdem waren wir gerade wieder einmal eingekesselt, also konnte ich nicht verarztet werden…

Schließlich und endlich wurde ich abtransportiert nach Kalatsch am Don. Von dort ging es per Güterwagen nach Charkow. Nebenbei: in Kalatsch brachen drei Tage später die Russen ein und haben alles niedergemacht. Also wieder einmal 5 Minuten vor Zwölf.

---

[14] OA: **O**ffizieranwärter

In Charkow wäre ich fast im Badewasser ertrunken, vor lauter Schwäche. Schließlich ging es ab per Lazarettzug nach Cosel / Oberschlesien. Das muss Anfang 1942 gewesen sein. Dort habe ich bei einer Exkursion mit einer Krankenschwester, etwa im Januar 1943, auch meine spätere Frau kennengelernt. Durch abenteuerliches Vorgehen gelang es mir, sie kennenzulernen. Da ich einen schlechten Ruf hatte, waren alle dagegen: die ganze Familie, besonders die Loni.

Schließlich war ich wieder einigermaßen gesund und wurde nach Wittenberg an der Elbe versetzt. Dort wurde ich der „Drahtamselkönig". Man gab mir eine Großvermittlung[15] und 40 Nachrichtenhelferinnen, auch „Drahtamseln" genannt. Ich, ein junger Leutnant und 40 Mädchen! Nein sowas!

Alles hat einmal ein Ende. Merke: der Krug geht so lange zum Wasser, bis er bricht… Mein Nachfolger wurde ein alter Hauptmann. Der war für den Job besser geeignet. Ich kam nach Dresden zur Nachrichten-(Ersatz-) Abteilung 4, dann nach Chemnitz[16], schließlich nach Beraun[17] bei Prag.

Im Mai 1944 habe ich geheiratet. Die Hochzeitsreise ging nach Beraun. Im August kam ich wieder zum Feldheer: Ich sollte nach Griechenland. In Belgrad war jedoch der Ofen aus. Die Bulgaren hatten eine Revolution gemacht und ich erreichte meinen Truppenteil, die 104. Jägerdivision, nicht mehr. Ich landete schließlich bei dem Heeresgruppen-Nachrichtenregiment 521[18],

---

[15] Vater war dort als Kommandoführer für den Aufbau und die Inbetriebnahme der Ausweichvermittlung des Heereswaffenamtes eingesetzt
[16] Als Ausbildungsoffizier für Zugführerlehrgänge und zu einem Skilehrerlehrgang im Schwarzwald bei Nachrichten-(Ersatz-) Abteilung 14
[17] Als Ausbildungsoffizier für Feldfernkabelbau bei Nachrichten- (Ersatz-) Abteilung 44
[18] Bei 3./ Heeresgruppen-Nachrichtenregiment 521 (Heeresgruppe Südost); dort zunächst Einsatz als Verbindungs-Offizier, Kompanieführer und Leiter des Nachrichtenbetriebs bei der 4. (?) SS-Panzergrenadierdivision

und kam, nach unzähligen Abenteuern in Rumänien, Ungarn und Kroatien schließlich nach Agram (Zagreb). Dort war große Ruhepause und ich machte nur noch Musik. Ich war sogar eine Zeitlang als Kapellmeister an der Oper tätig, zur Truppenbetreuung.

Am 21. März 1945 gab ich mein letztes Konzert: Meistersingervorspiel, 5. Beethoven, Unvollendete Schubert.[19] Aus.

Von nun an ging es bergab. Mit der Eisenbahn und auf abenteuerlichen Fahrten bis in den Raum Berlin. In Etappen über Prenzlau und Rheinsberg nach Schwerin. Dort war der Ofen endgültig aus. Wir wurden von den Amis gefangen genommen. In derselben Nacht gingen wir jedoch alle wieder stiften: Die Russen waren uns zu nahe, nämlich am anderen Ende der Stadt. Wir also immer weiter nach Westen, bis wir schließlich wieder geschnappt wurden. Endstation war ein Gefangenenlager in Schasshagen in der Neustädter Bucht. Es wurde gehungert, gehungert, gehungert."[20]

---

[19] Das Programm umfasste im Einzelnen:
- Das Kaiserquartett (1. Variation) .... Josef Haydn
- Worte zu Johann Wolfgang v. Goethe
- Sinngebung
- Szenen aus Goethes „Faust"
- Vorspiel zu „Die Meistersinger" .... Rich. Wagner
- Symphonie in h-Moll .... Franz Schubert
- „Die Himmel rühmen" .... Ludw. v. Beethoven
- Ewiges Deutschland .... W. Brockmeier
- Worte zu Ludw. v. Beethoven
- Feierlicher Ausklang
- Symphonie in c-Moll (v. 1. Satz) .... Ludw. v. Beethoven

[20] Manfred Schlieder: a.a.O.

5. Kapitel: Die ersten Nachkriegsjahre in Miltenberg

„Am 10. August 1945 wurde ich entlassen: als landwirtschaftlicher Arbeiter, zur Erntehilfe nach Weilbach, Landkreis Miltenberg. Wie ich die Adresse bekommen habe, durch einen SS-Mann, dessen Frau in Weilbach lebte, wäre ein weiteres Kapitel für sich.

Ja, aber wo war nun meine Frau geblieben und mein Sohn, Harald Volkmar, der am 5. 9. 1944 geboren worden war und den ich bis dato noch nicht gesehen hatte? Ich wusste nur, dass die beiden Cosel verlassen hatten um den Russen zu entgehen um bei meinen Eltern in Dresden Zuflucht zu suchen. Und von Dresden hatte ich gehört, dass es durch mehrere Luftangriffe völlig zerstört sei!

So war ich also nun in Weilbach. Ich pflückte Äpfel, flickte Fahrräder und spielte Orgel in der Kirche[21]. Außerdem besaß ich 180 RM, davon konnte man noch nicht mal zwei Päckchen Zigaretten kaufen.

Die Lehrerin von Weilbach vermittelte mich dann an die Amerikaner in Miltenberg. Dort wurde ich Übersetzer und Dolmetscher. Mit meinem Englisch war es zwar sehr windig bestellt, aber da Frechheit bekanntlich siegt, siegte auch ich. Das war Anfang September 1945.

---

[21] In der katholischen St. Johannes-Kirche, erbaut 1789.
Am Eingang prangt seit 1921 unter einer Ehrentafel für 36 Opfer des 1. Weltkriegs u.a. der martialische Satz: „Wir fielen wert des Ruhmes grosser Ahnen: O lernt auch Ihr im Geist der Pflicht zu stehen. Dann könnt Ihr einst uns frei ins Auge sehen." Ich bezweifle, dass er damals, drei Monate nach Ende des 2. Weltkrieges, nach treuer Pflichterfüllung, ohne Ruhm und bar jeglicher Mittel, diesen Spruch auch gelesen hat, denn sonst hätte er da, eingedenk des gerade Erlebten, ganz sicherlich nicht die Orgel gespielt. Allerdings hat er gehungert und da spielt man wohl auch angesichts makabrer Sprüche die Orgel.

Etwa zwei Monate später, ich war inzwischen nach Miltenberg gezogen, zur Metzgerei Zöller, gab ich im Alten Rathaussaal mein erstes Konzert. Da kam wenigstens Geld in die Kasse.

Gegen Weihnachten 1945 erhielt ich dann endlich Nachricht von meiner Frau und meinen Eltern, alle waren wohlauf! Sie waren auf abenteuerlichen Fahrten ins Erzgebirge wieder nach Dresden gelangt, immer auf der Flucht, erst vor den Russen, dann vor den Bomben und dann wieder vor den Russen. Aber es war ihnen, Gott sei Dank, nichts geschehen. Durch meine guten Verbindungen zu den Amis, zum Bürgermeister und den Stadträten gelang es mir, für alle eine Zuzugsgenehmigung nach Miltenberg zu erlangen.

Ostern bzw. Pfingsten waren alle da. Zunächst wohnten wir bei Zöllers, zwei Tage vor Weihnachten 1946 zogen wir bereits in unser Häuschen, Oberer Steinigweg 44a, ein. Es wäre eine eigene Geschichte, zu erzählen wie es dazu gekommen ist, eine schöne Geschichte!

Ich gab fleißig Konzerte, hier und da, und verdiente eine ganze Menge Geld. Bis zur Währungsreform 1948. Da wollten die Leute ihr neues, kostbares und rares Geld natürlich nicht für Musik ausgeben, da wollten sie erst einmal essen. Dann wollten sie sich Bekleidung kaufen, Wohnungen, Häuser, Autos, alles andere als Musik, Theater und dergleichen.

Der Schornstein musste jedoch rauchen und alle wollten wir schließlich essen. Hunger hatten wir gerade genug, zumal am 27. August 1947 die kleine Claudia geboren worden war.

Anfang der 50er Jahre zog ich erst nach Hanau, später nach Frankfurt. Ich versuchte, überall Geld zu verdienen, bei den Amis, an der Volkshochschule und beim Rundfunk.[22] Alles war reichlich wenig und die Aussichten wurden für mich immer trübseliger.

1955 wurde eine neue Armee, Bundesheer genannt, propagiert. Ich meldete mich; im Mai 1956 wurde ich zu einem Vorstellungsgespräch nach Nürnberg eingeladen und am 11. September 1956 begann ich meinen Dienst als Oberleutnant bei der Bundeswehr, Fernmeldetruppe, zunächst in Köln und ab Ende Oktober in Sonthofen.[23] Aber das ist ein neues Kapitel: darüber werde ich – vielleicht – in einem weiteren Buch berichten."[24]

Vater hat über diese nächste Phase in seinem Leben nie schriftlich berichtet, obgleich ich ihn mehrfach gebeten habe, seine Aufzeichnungen fortzuführen. Im Grunde hatte er damit natürlich recht: schließlich hatten wir alles Weitere selbst miterlebt; wozu sich also die Arbeit machen und das alles aufschreiben? Vater arbeitete nie mehr, als erforderlich. Für m e i n e spätere Arbeitswut hatte er – aus seiner Sicht folgerichtig – nur e i n e n Kommentar: „plem-plem". Dass er selbst seinen recht ansehnlichen Aufstieg nur erreicht hat, weil er zeitweise bis zur Leistungsgrenze und darüber hinaus gearbeitet hat, hat er später

---

[22] Durch Dokumente belegte Beschäftigungsverhältnisse:
- Sep 1945 – 1946: Übersetzer / Dolmetscher beim US Military Government Miltenberg
- 1946 – 1949: Vermögensverwalter beim Bayerischen Landesamt für Vermögensverwaltung, Miltenberg
- 1949 – 1951: Lokalberichterstatter für die Fränkischen Nachrichten bei der Walldürner Zeitung
- 1951 – 1954: Technical Researcher and Advisor im Signal Corps (7795 Signal Supply Control Agency) der US Army in Hanau
- 1954 – 1956: Editor im Signal Corps (Signal Supply & Maintenance Office) des US Army Northern Area Command in Frankfurt

[23] Das ist ungenau. Einsatz an der Fernmeldeschule des Heeres, Sonthofen (16.9.1956 – 15.5. 1960) zunächst als Lehrer für Fernschreibbetrieb und Hörsaalleiter, später als S3-Hilfsoffizier im Schulstab

[24] Manfred Schlieder: a.a.O.

wohl ausgeblendet, denn seiner eigentlichen Lebensauffassung hat starker Arbeitseinsatz eher nicht entsprochen.

Gut also, dass ich mich – weitgehend – erinnern kann. Die erforderlichen Schriftstücke: Urkunden, Zeugnisse, Fotografien, Briefe, Anträge, Bescheinigungen, Zeitungsausschnitte und viele andere Belege habe ich, nach einigen Recherchen, letztlich gefunden, gesichtet, geordnet und zusammengestellt.

Insofern ergibt sich ein recht klares Bild. Ein Bild freilich, dass erst bunt und lebendig wird, wenn man auch den Menschen hinter all den Fakten sieht; einen Menschen der im zweiten Teil seines Lebens feststellen musste, dass all das, was er zuvor gelernt und erlebt hatte, Makulatur geworden war und nur noch zeitweise und in Ansätzen weitergeführt werden konnte. Der das alles jedoch nie vergessen, in seinem Innersten kultiviert und auf seine Weise gepflegt und weiter verarbeitet hat.

Von den ersten Miltenberger Nachkriegsjahren freilich hat er oft erzählt; später kamen die Erinnerungen unseres Nachbarn dazu, der – ähnlich wie er – die ersten Jahre nach dem Krieg bei den amerikanischen Militärbehörden gearbeitet und zeitgleich mit Vater ein Haus, gleich neben unserem, gebaut hatte.

Seine gesamte Kleidung bestand aus dem Trainingsanzug den er am Leibe trug, hat er erzählt; auf dem Rücken einen Wehrmachtsrucksack, darin ein Essbesteck, das war alles.

Der anfängliche Dolmetscher-Einsatz bei den US-Militärbehörden war, der Not gehorchend, der unvermeidliche Schritt um anfangs zu überleben; ausgelastet hat es ihn, wie auch seine folgenden Tätigkeiten als Vermögensverwalter und Reporter, offenbar nicht, denn schon am 1. Juni 1946 gab er ja sein erstes Konzert: Eine „Kleine Nachtmusik" im Park des Mütterheims Miltenberg, mit Werken von Mozart und Haydn, „aufgeführt von einem großen Orchester freier Künstler" und „…einer Ballettgruppe". In der tanzte auch meine Mutter mit, wie sie mitunter erzählte. Wie er ein „großes Orchester" zusammenstellen konnte damals, bleibt unklar, aber ganz offensichtlich gab es auch damals schon, wie heute noch, eine Reihe Musikbegabter in der Stadt – und der Rest war eine Frage der Initiative, der Organisation und sicherlich auch vieler Proben.

> Zu der am 1. Juni 1946, 21.00 Uhr, im Park des „Mütterheims" Miltenberg stattfindenden
>
> **Kleinen Nachtmusik**
> mit Werken von Mozart und Haydn
>
> ausgeführt von einem großen Orchester freier Künstler
> (Ltg. Kapellmeister Manfred Schlieder)
> unter Mitwirkung von VERA VALEWSKA, Sopran
> und einer Balettgruppe
>
> sind Sie höflichst eingeladen.
>
> Karten sind nur im Vorverkauf gegen Vorlage dieser Einladung im Zigarrenhaus Rufflar, Miltenberg, Hauptstraße, zum Preise von RM 4.– erhältlich.

Seine Kleidung hatte er natürlich mittlerweile wieder ergänzt, denn zu großen Auftritten gehörte, ganz ohne Zweifel, auch große Garderobe. „Kleider machen Leute", das wusste Vater, nicht nur aus der Lektüre der „Leute von Seldwyla".[25] Ein Spruch, den er auch später noch häufig zitiert hat.

---

[25] Gottfried Keller: „Die Leute von Seldwyla", 2. Band, Volksverband der Bücherfreunde, Wegweiser-Verlag GmbH, Berlin

*William Manfred Schlieder nach dem Krieg, Ende 1945,
27-jährig, in Miltenberg*

Er muss wohl reichlich Publikum angezogen haben mit seiner „Kleinen Nachtmusik" und ähnlichen Veranstaltungen, denn aus dieser Zeit sind eine ganze Reihe von Einladungen, Plakaten, Programmen und Zeitungsausschnitten erhalten, so auch das Programm seines Konzerts: „Aus Oper und Operette" mit Auszügen aus Werken bekannter Komponisten.

AUS OPER UND OPERETTE

Ausgeführt von

Hildegard Mann, Sopran
Kapellmeister Manfred Schlieder

---- I. TEIL ----

1. Arie des Cherubin aus „Figaros Hochzeit"   W. A. Mozart
2. Rezitativ u. Arie der Susanne „Figaros Hochzeit"   W. A. Mozart
3. Scene u. Arie der Agathe aus „Der Freischütz"   C. M. v. Weber
4. Gebet der Elisabeth aus „Tannhäuser"   R. Wagner
5. Arie der Musette aus „La Boheme"   G. Puccini
6. Arie der Santuzza aus „Cavalleria rusticana"   P. Mascagni

II. TEIL

1. Einer wird kommen aus „Zarewitsch"   F. Lehar
2. Ich bin verliebt „Clivia"   N. Dostal
3. Vilja-Lied „Lustige Witwe"   Fr. Lehar
4. Ein Hochzeitstag auf Trolldhaugen   Edv. Grieg
5. Ich schenk mein Herz aus „Die Dubarry"   Millöcker / Mackeben
6. Hab ich nur Deine Liebe aus „Boccacio"   Fr. v. Suppé
7. Liebe, du Himmel auf Erden   Fr. Lehar

1022 - 11. 45. - 1000

Er begleitete dabei die Sopranistin auf dem Klavier und war zugleich Veranstalter und Regisseur. Tatsächlich war er seit Ende 1947 durch den Landrat in Miltenberg als „Kapellmeister und Regisseur" registriert.

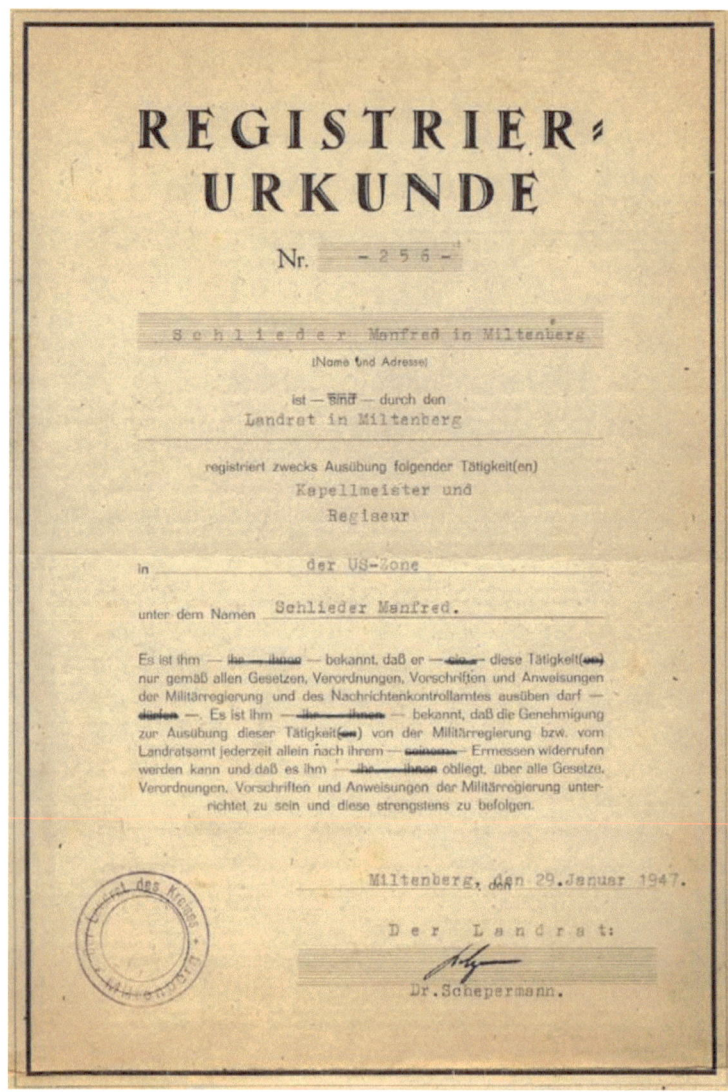

Sogar eine Erlaubnis der Militärbehörden zur Durchführung solcher Veranstaltungen liegt vor: Danach hat schon am 19. Oktober 1945 Colonel B. Bonnaton des „Military Government of Germany, Eastern Military District" in München dem Professor

Rudolf Lindner in Würzburg unter der „License No. 1027" die Erlaubnis erteilt, Musikveranstaltungen in seinem Bereich durchzuführen; dieser hat die Erlaubnis mit Schreiben vom 3. Februar 1947 an Vater weitergereicht.

Nur drei Tage später, am 6. Februar 1949, 19.30 Uhr, „… im gut geheizten Rathaussaal zu Miltenberg…", wie es in der Einladung und auf dem Ankündigungsplakat heißt, fand ein Uraufführungs-Abend mit „Kompositionen von Manfred Schlieder", dabei Lieder aus dem Zyklus „Den Main entlang…" sowie „Szenen aus der Märchenoper Schlaraffenland" statt. Ich habe eingangs von dieser märchenhaften Veranstaltung berichtet. Mehr als 60 Jahre später habe ich all diese Kompositionen und die Liedtexte auf dem Boden unseres Hauses gefunden. Dabei auch ein besonders anrührendes Stückchen: „Du bist min…", seine Vertonung des ältesten deutschen Liebesliedes in d-Dur, gesetzt für Klavier und Sopran; „ganz schlicht und innig" zu spielen. Schon während der 173. Musizierstunde am 22. Februar 1944 im Großen Saal des Konservatoriums Dresden mit „Werken unserer Frontkameraden" war es mit weiteren drei seiner Kompositionen, aufgeführt worden. Damals wurden seine „Lieder für Sopran" von der Sopranistin Rosemarie Scheibe interpretiert.

Speziell dieses Lied berührt mich noch heute. Dass im Programm aus dem Jahr 1949 als Dichter „Walter von der Vogelweide" angegeben ist – der Text ist aus dem 12. Jahrhundert und wird Wernher v. Tegernsee zugeschrieben – ist hierbei von untergeordneter Bedeutung. Details haben Vater nie interessiert. Das Publikum jedenfalls hat sich daran wohl nicht gestört denn der Beifall war üppig. Walter von der Vogelweide war einem literarisch-musikalisch interessierten Publikum jedenfalls sicherlich bekannter als Wernher vom Tegernsee, und darauf kam es an.

URAUFFÜHRUNGSABEND IN MILTENBERG

Sonntag, den 6. 2. 1949, 19.30 Uhr, im Saal des alten Rathauses Miltenberg

KOMPOSITIONEN VON MANFRED SCHLIEDER

MITWIRKENDE:
- Lu Adolph . . . . . . Sopran
- Elisabeth Schwinn . . . . Sopran
- Maria Rudolph . . . . . Sopran
- Toni Nicolás Schreiber . . . Bass
- Dr. Karl Lörges . . . . . Sprecher
- Ein Frauenchor
- Am Flügel: Manfred Schlieder

VORTRAGSFOLGE:

I.

1. Ich hab' die Stadt verlassen . . . ⎫ aus dem Zyklus . . . . . Leni Wüst
   Sommernacht . . . . ⎭ „Den Main entlang.."
   Gertrud . . . . Hans Geisow
   Toni N. Schreiber

2. Du bist min . . . . Walter v. d. Vogelweide
   Es ist Nacht . . . . Christian Morgenstern
   Seit Du mir ferne bist . . . . Riccarda Huch
   Elisabeth Schwinn

3. Die ganze Nacht der Brunnen rauscht . . . . Leni Wüst
   Das Harfenmädchen . . . . Theodor Storm
   Ständchen . . . . Leni Wüst
   Maria Rudolph

4. Warum soll mein Herz wohl traurig sein . . . . Leni Wüst
   Der Brief . . . . Hermann Hesse
   Frauenseele . . . . Hans Geisow
   Lu Adolph

5. Im Hafen . . . . Hans Geisow
   Nocturno . . . . Leni Wüst
   Herbstgedanken . . . . Hans Geisow
   Toni N. Schreiber

II.

Szenen aus der Märchenoper „Schlaraffenland" von R. Gräb u. Leni Wüst

Musik von Manfred Schlieder

Einführende Worte . . . . Dr. Karl Lörges

1. Akt. 1. Aufzug: Auf der Wiese vor dem Königsschloß

   Der König . . . . Toni N. Schreiber
   Die Prinzessin . . . . Lu Adolph
   Hans . . . . Maria Rudolph
   Freundinnen der Prinzessin
   Ein Wachtsoldat

3. Akt. 2. Aufzug: Im Thronsaal des Schlosses

   Der König . . . . Toni N. Schreiber
   Die Königin . . . . Elisabeth Schwinn
   Die Prinzessin . . . . Lu Adolph
   Hans . . . . Maria Rudolph
   Untertanen des Königs

EINSTUDIERUNG UND LEITUNG: MANFRED SCHLIEDER

Auch das großformatige Plakat zur Ankündigung des Konzert-Abends, „Musik der Seele" ist noch vorhanden. Veranstaltet von Kapellmeister Manfred Schlieder, Dresden – Staatsoper Agram, heißt es da und die Mitwirkenden waren sein Freund und Nachbar Klaus Bertram, Sprecher („Zürich, Berlin"), die Sopranistinnen Elisabeth Schwinn, Wilma Zöller (aus der Gesangsschule von Johanna Gerstner) sowie Joachim Thuss, Cello, („Leipzig").

Das war großspurig, natürlich, denn an der Staatsoper Agram hatte Vater nur einmal öffentlich dirigiert und auch Klaus Bertram war in Berlin und Zürich lediglich zur Schule gegangen; doch „Frechheit siegt", war ja Vaters Devise damals und große Ankündigungen, verbunden mit großen Namen und Begriffen waren bekanntlich die Grundlage jedes Erfolgs, das wussten die beiden. So kamen u.a. Werke von Beethoven, Schumann, Schubert, Brahms, Mendelssohn, Cornelius, S c h l i e d e r (!) zur Aufführung und auch Gedichte von Eichendorff, Storm, Claudius und Heine wurden rezitiert. Karten waren zum Preis von 1,00 – 3,00 RM zu erhalten.

Da diese Anfangserfolge aber langsam verebbten, war es wiederum folgerichtig, dass er sich nach anderen Einkommensquellen umsah, denn Mutters Heimarbeit – sie strickte (vorwiegend für Amerikanerinnen und suchte Bucheckern, die sie für ein paar Pfennige verkaufte) – reichte nicht aus, um die Familie materiell über Wasser zu halten.

So begann denn am 19. November 1951 Vaters „Laufbahn" im HQ der 7795 Signal Supply Control Agency in Hanau und auch Mutter musste sich nach anderen Verdienstmöglichkeiten umsehen. Die ergab sich denn auch recht zügig: durch Vermittlung des Schwiegervaters ihrer Schwester Maria, die mittlerweile in Hanau arbeitete, durfte sie in der Hanauer „Gummischuh-(Fabrik)" Schuh-Rändchen streichen; eine Knochenarbeit, die indes klingende Münze erbrachte. Über ihr Entgelt in dieser Zeit liegen keine Unterlagen vor; viel wird es nicht gewesen sein. Vaters Verdienst lag anfangs bei 300,00 DM (Brutto) im Monat.

Kein Wunder, dass er sich – schon um das Familienbudget aufzubessern – auch in dieser Zeit noch nebenher musikalisch betätigte. Noch am 5. Juli 1952 veranstaltete er einen Konzert-Abend in Miltenberg: „Ein Spaziergang durch Oper und Operette", wie er das nannte. An den Abend im Konzertsaal des Alten Rathauses und die Proben bei uns zu Hause, auf Vaters altem Klavier, kann ich mich gut erinnern.

Dies alles freilich war nur möglich, weil Vaters Eltern, die ebenfalls mit im Haus wohnten, sich in dieser Zeit um meine Schwester und mich kümmerten, zumindest während der Woche. Gut, dass es da viele Apfelbäume auf unserem Berg und mittlerweile einen Nutzgarten rund um das Haus gab, der allerlei Essbares abwarf; Hühner (und später Stallhasen) gab es auch.

Oma Frida führte den Haushalt, kaufte ein, putzte, wusch, bügelte, flickte und nähte, Opa Willy arbeitete derweil tagsüber in der Obernburger „Glanzstoff"- (Fabrik); am Abend und am Wochenende beackerte er den Garten, sägte und hackte Holz, holte Kohle und Briketts, wartete die Kohleöfen, reinigte die Jauche-Grube, sammelte Pferdeäpfel, düngte die Beete, reparierte Gartenzäune und Schuhe und machte sich auch, wenn erforderlich, in der Nachbarschaft nützlich. Zusätzlich spielte er mit uns Kindern, soweit dazu noch Zeit war. Seine selbstgebauten Schaukeln für Claudia und mich und sein sorgsam angelegter Sandkasten sind mir noch lebhaft in Erinnerung.

Konzert-Abend

„Ein Spaziergang durch Oper und Operette"

am 5. Juli 1952 in Miltenberg

Mitwirkende: Fr. Lieselotte Jupe — Sopran
Karl-Heinz Vogel — Tenor
Fred Bulirsch — Bariton
Am Flügel: Manfred Schlieder
Verbindende Worte: Helmut Stoppel

Vortragsfolge:

1. „Ein Vogelfänger bin ich ja" – aus „Zauberflöte" — W. A. Mozart
2. Arie des Cherubin – aus „Hochzeit des Figaro" — W. A. Mozart
3. Bildnisarie – aus „Zauberflöte" — W. A. Mozart
4. Duett Pamina-Papageno – aus „Zauberflöte" — W. A. Mozart
5. „Wie sich die Bilder gleichen" – aus „Tosca" — G. Puccini
   „Freundlich blick ich" – aus „Rigoletto" — G. Verdi
6. Valentins Gebet – aus „Faust" — Ch. Gounod
   „Vater, Mutter, Schwester" – aus „Undine" — A. Lortzing
7. „Eines Tages . . ." – aus „Butterfly" — G. Puccini
8. Schlußscene I. Akt Rudolf-Mimi – aus „La Boheme" — G. Puccini
9. Duett Hans-Kecal – aus „Verkaufte Braut" — F. Smetana
10. „Von Apfelblüten einen Kranz" – aus „Land des Lächelns" — Fr. Lehar
11. „Einer wird kommen" – aus „Zarewitsch" — Fr. Lehar
12. „Was gehn mich an die Leute" – aus „Wo die Lerche singt" — Fr. Lehar
13. „Komm in den kleinen Pavillon" – Duett aus „Die lustige Witwe" — Fr. Lehar
14. „Ja das Schreiben und das Lesen" – aus „Der Zigeunerbaron" — Joh. Strauß
15. Amsellied — G. Winkler
16. „So stell ich mir die Liebe vor" – aus „Hochzeitsnacht im Paradies" — F. Schröder
17. „Wenn zwei sich lieben" – Duett aus „Der Rastelbinder" — Fr. Lehar
18. „Am Manzanares" – Buffoduett aus „Clivia" — Nicco Dostal

Änderungen vorbehalten!

Mit Verlegung von Vaters Dienststelle nach Frankreich wechselte er dann am 30. Oktober 1954 zum Hauptquartier des Northern Area Command in Frankfurt und wurde dort „Property

& Supply Clerk", später „Editor". Das erbrachte anfangs 418,00 DM, ein halbes Jahr später 471,00 DM und ab 9. Dezember 1955 ganze 518,00 DM im Monat bei 48 Wochenstunden, einschließlich Samstag.

In dieser Zeit aber musste Mutter ihre Tätigkeit in Hanau einstellen, denn Oma wollte und konnte sich nicht länger eigenverantwortlich um uns kümmern. Aufgrund eines Hör- oder Verständnisfehlers hatte sie, anlässlich einer Erkrankung meiner Schwester, geglaubt, diese müsse sterben; eine Fehl-Interpretation freilich. Doch Oma war schockiert und wohl auch überanstrengt. So führte Mutter wieder die Aufsicht über uns beide; dadurch fiel natürlich ihr Verdienst weg.

Da nun Vaters reguläres Einkommen kaum ausreichte, verdiente er sich zusätzlich Geld, indem er nachts nebenher in einem amerikanischen Offizier-Kasino als „Bar-Tender" Bier zapfte und Cocktails mixte; in dieser Zeit habe er nie mehr als 4 – 5 Stunden pro Nacht geschlafen, hat er berichtet. Wie er dazu gelegentlich Beiträge für den Hessischen Rundfunk schreiben oder Unterricht an der Volkshochschule geben konnte, ist mir heute noch unklar, denn an den Sonntagen fuhr er mit der Eisenbahn oder per Motorroller nach Miltenberg; dort arbeitete er im Garten, hackte Holz, gab mir Klavierunterricht oder ging im Sommer, zusammen mit der Familie, in die Pilze.

Kein Wunder, dass sich Vater unter diesen Bedingungen bereits am 1. Juni 1953 handschriftlich „…um Wiedereinstellung in den aktiven Dienst des zu schaffenden Bundesheeres" beworben hatte. An den „Beauftragten des Bundeskanzlers für die mit der Vermehrung der alliierten Truppen zusammenhängenden Fragen" in Bonn war das Schreiben gerichtet und dieser schrieb am 24. September 1953 auch prompt zurück:

„Ihre Bereitschaft zur Mitarbeit in einem zukünftigen deutschen Verteidigungskontingent habe ich mit Dank zur Kenntnis genommen. Ich habe Ihre Bewerbung registriert und Sie unverbindlich vormerken lassen. Sobald der Vertrag über die Europäische Verteidigungsgemeinschaft von allen Mitgliedstaaten ratifiziert ist und die Richtlinien für die Aufstellung eines deutschen Verteidigungskontingents vorliegen, wird geprüft werden, ob eine Verwendungsmöglichkeit für Sie besteht. Aufgrund Ihres Werdegangs erscheint eine Wiederverwendung nach Überprüfung Ihrer Angaben möglich. Da ich mich zu gegebener Zeit mit Ihnen in Verbindung setzen werde, bitte ich von Rückfragen, Erinnerungen und Besuchen abzusehen…"

Da Frankreich den Vertrag nicht ratifizierte, konnte dieses Vorhaben zunächst nicht weiter verfolgt werden und es sollte gut anderthalb Jahre dauern, bis er seine Bewerbung erneut vorlegen konnte. Am 14. Mai 1956 wurde er einer Prüfgruppe in Nürnberg vorgestellt und am 12. Juli 1956 wurde ihm mitgeteilt, dass ihn der – nunmehr als solcher etablierte – „Bundesminister für Verteidigung" für eine Verwendung in der Bundeswehr vorsehe.

Am 16. August war es so weit und er wurde ab 11. September 1956 als Oberleutnant zu einer Eignungsübung von vier Monaten in die Bundeswehr einberufen. Am 7. Februar wurde er durch den Bundesminister für Verteidigung, Franz-Josef Strauß, denn dessen Unterschrift prangt unter der Urkunde, im Dienstverhältnis eines Berufssoldaten übernommen. Damit war Vaters wirtschaftliche Zukunft gesichert. Er muss aufgeatmet haben damals. Hörbar.

6. Kapitel: Konsolidierung in Sonthofen und Paris

Schon ab 16. 9. 1956 war Vater zur Fernmeldeschule des Heeres kommandiert: seine neue militärische Heimat. Als Lehrer für Fernschreibbetrieb sei er seinen Lehrgangsteilnehmern regelmäßig nicht mehr als eine Nacht voraus gewesen, hat er später erzählt; die Zeit brauchte er, um die entsprechenden Kapitel in den US-Dienstvorschriften ins Deutsche zu übersetzen, denn eigene Ausbildungsunterlagen gab es nicht in dieser Zeit.

Dienstort war die „Generaloberst Beck-Kaserne", eine ehemalige Ordensburg: ein gewaltiger, beeindruckender Bau, auf einer Anhöhe gelegen und mit herrlicher Fernsicht auf die Allgäuer Alpen.

Kommandeur war Oberst August Frede: aus altem Schrot und Korn, knorrig doch offensichtlich beliebt, denn alle Offiziere sprachen nur von „August", wenn das Gespräch auf ihn kam. Überhaupt muss das Betriebsklima gut gewesen sein, in diesen Anfangstagen der deutschen „Nachkriegs-Fernmelderei" an der Fernmeldeschule, denn ganz offensichtlich musste man sich erst finden und da war man aufeinander angewiesen.

So freundete sich Vater auch recht schnell mit Major Herbert Wagner an, Dresdner wie er, nach dem Krieg Volksschullehrer und nun zuständig für Unterrichte über den Einsatz von Panzern, denn im Kriege war er bei der Panzertruppe gewesen. Da er, gleich Vater, gerne in die Berge ging – und entsprechende Bergwanderungen boten sich, jetzt im „Altweibersommer", an den Wochenenden an – taten sich die beiden zusammen, erkundeten das Umland und bestiegen die in der Nähe liegenden Berge gemeinsam.

Wenig später – es muss in den Herbstferien gewesen sein – haben Mutter und ich Vater in Sonthofen besucht; Herbert

Wagner nahm uns anlässlich einer Rückkehr aus einem Wochenendurlaub in seinem VW mit. Claudia wurde derweil von den Großeltern behütet. Wir wohnten in der Pension von Frau Lärchenmüller, am Fuße der „Burg", wie die ehemalige Ordensburg verkürzt hieß. Welch wunderschöne Welt tat sich da für uns auf! Auf all diese Berge würden wir künftig auch steigen, wenn wir erst einmal dort wohnen würden und im Winter würde man Ski fahren können!

Am 18. Mai 1957 wurde Vater zum Hauptmann befördert; das war eine Blitzkarriere – aber wohl auf die 11 „verlorenen" Jahre zwischen der Entlassung aus der Wehrmacht und dem Eintritt in die Bundeswehr zurückzuführen; die Menschen waren ja älter geworden und hätten die entsprechenden Dienstgrade in dieser Zeitspanne ohnehin erreicht. Genügend Lebenserfahrung hatten sie ohnehin. Wir jedoch waren stolz auf Vater – und er wohl auch auf sich selbst. Ich war der erste, der den dritten Stern auf Vaters Schulterklappen entdeckt hatte als er in Uniform, kurz nach seiner Beförderung, nach Hause kam.

Damit war nun Vaters berufliche Zukunft endgültig gesichert, zumal er mittlerweile als S3-Hilfsoffizier in den Schulstab berufen worden war. Nun konnte er daran denken, seine Familie ins Allgäu umziehen zu lassen.

Und tatsächlich: Anfang Januar 1958, noch vor Schulbeginn, zogen wir nach Altstädten um. Ohne Möbel freilich, denn wir hatten keine nennenswerten Möbel, und die wir hatten, mussten in unserem Haus in Miltenberg bleiben: denn da wohnten ja Oma und Opa. Außerdem brauchten wir keine Möbel, denn die Wohnung in der oberen Etage eines geräumigen Wohnhauses, direkt gegenüber der Dorfwiese, unweit des Bahnhofs, war möbliert. Sein damaliger Chef, Major Manfred Grundwald, hatte mit seiner Familie eine Zeitlang behelfsmäßig hier gewohnt, bis er eine „richtige" Wohnung gefunden hatte. Das Haus gehörte einer

Frau von Zabuesnig aus Memmingen; dort wohnte sie auch, so dass das Haus im Übrigen leer stand. Unsere Wohnung war eng aber absolut ruhig und hatte einen wunderschönen Balkon mit grandiosem Blick auf die Allgäuer Alpen. Die Wohnung hatte allerdings einen Nachteil: das Klo war in der Küche … Alsbald sprachen wir nur noch von unserem „KüKlo", nahmen es aber mit Humor, denn in Sonthofen, wenige Kilometer weiter, wurden Wohnungen gebaut, für die vielen Soldaten die mittlerweile die Stadt bevölkerten. In eine solche Wohnung, im Erdgeschoss der Goethestraße 19, gleich am Anfang des neuen Wohngebiets – die Allgäuer Mitbürger sprachen vom „Preußensilo" – zogen wir denn, wohl August 1958. Vier Zimmer hatten wir jetzt zur Verfügung und erstmals richtige Möbel, die meisten waren neu gekauft. Der Wohnzimmerschrank freilich war nun doch aus Miltenberg „umgezogen" worden, ebenso wie unser Klavier, das Vater unverzüglich stimmte. Gleich darauf schlug er mächtig in die Tasten. Jetzt waren wir richtig im Allgäu angekommen.

Ein Auto hatte Vater mittlerweile auch gekauft: Major Wagners alten, dunkelblauen VW: SF - P 111. Wir waren alle sehr stolz.

Kurz danach hob auch der Klavierunterricht wieder an; jetzt stand Mozarts anmutige Fantasie in d-Moll auf dem Programm, Händels fein ziselierte Grobschmied-Variationen, das Italienische Konzert von Johann Sebastian Bach und Beethovens Sonate in c-Moll, deren erster Satz mit seinem „Allegro molto e con brio" mir in meiner damaligen jugendlichen Sturm- und Drang-Phase besonders imponierte.

Noch während unserer Zeit in Altstädten, am Tag vor meiner Konfirmation, am 29. März 1958, war Opa Willy gestorben; Vater hat uns das erst – während der Fahrt nach Miltenberg – am Abend danach, gesagt, denn er wollte mir die Konfirmationsfeier nicht verderben. Unser Miltenberger Nachbar, Klaus Bertram, Vaters alter Freund aus der ersten Nachkriegszeit, hat ihn wohl in der

Dienststelle angerufen und ihm die traurige Nachricht übermittelt, denn wir hatten zu dieser Zeit noch kein Telefon zu Hause.

Die Großeltern hatten mir ein Fahrrad geschenkt und ein Gesangbuch, in Leder gebunden und mit Goldschnitt. Die Widmung darin war vordatiert; Palmarum 1958 hat Opa nicht mehr erlebt. Oma hat uns einige Monate später in Sonthofen besucht. Sie war untröstlich. Während ihres Besuchs haben wir weniger Klavier gespielt, glaube ich mich zu erinnern. Und wenn, dann eher verhalten.

Wenig später, wohl zu meinem Geburtstag, kaufte mir Vater eine Sperrholzplatte und zwei Unterstellböcke: Darauf konnte ich meine Märklin-Eisenbahnanlage installieren. Natürlich hat er mir dabei geholfen! Anfangs bei der Verkabelung, später beim Spielen! Auch die eine oder die andere elektrische Weiche, ein zweiter Trafo, ein paar Signale und mehrere Stellpulte kamen im Lauf der Zeit hinzu, so dass die Anlage immer vollständiger und interessanter wurde. Sogar ein kleines Bahnhofgebäude habe ich mir damals gebaut, aus Zigarrenkistenbrettchen, mit Gips verputzt und bemalt; später wurde das Ganze mit einem Tunnel und einem Viadukt ergänzt. Vater muss an der Eisenbahnanlage ebenso viel Freude gehabt haben, wie ich.

Das Jahr darauf, 1959, war ein „normales" Jahr; Vater ging mit uns im Frühjahr und im Sommer zum Wandern in die Berge, im Winter zum Skifahren. Ab und an kam Tante Loni angereist, Mutters jüngste, unverheiratete Schwester, die sich gerne an unseren diversen Ausflügen beteiligte. Auch Oma Martha, die Mutter meiner Mutter, kam zu Besuch und Vater fuhr mit uns aufs Oberjoch, nach Oberstdorf und ins Kleine Walsertal um Oma zu erfreuen. Sie war ja auch aus den Bergen: Von der „Hohen Eule" im Glatzer Bergland in Schlesien. Vom tiefen Schnee dort im Winter, den langen Eiszapfen an den Bäumen und der Stille rings umher hat sie häufig erzählt. Es tat ihr gut, dass ihre Tochter und ihr Schwiegersohn sich so fürsorglich um sie kümmerten – aber auch, dass sie nun in so einer schönen Umgebung wohnten. Fast so schön, wie damals in der Heimat. Opa Wilhelm war derweil zu Hause in Northeim geblieben und rauchte seine Pfeife. Reisen war ihm zu beschwerlich.

Von Anfang März bis Anfang Mai 1960 wurde Vater zum 9. Stabsoffizierlehrgang (Heer) nach Hamburg-Wandsbek kommandiert; 10 Tage nach Lehrgangsende hatte er sich bereits bei SHAPE in Paris[26] zu melden, denn nach dorthin war er für zunächst drei Jahre versetzt.

Das war ganz nach Vaters Geschmack! Mutter war weniger begeistert, denn sie konnte keine Fremdsprachen, zudem hatte sie sich gerade an Sonthofen und das Allgäu gewöhnt. Am liebsten wäre sie ja nach Miltenberg gezogen aber das schied aus und so zog die Familie unmittelbar nach Ende des Schuljahrs, Mitte Juli 1960 nach Frankreich: Zuerst in ein Appartement nach Marly-Le-Roi, ein halbes Jahr später in ein wunderschönes, geräumiges, dreistöckiges Landhaus mit riesigem Garten und einer eigenen Lindenallee, inmitten einer Obstplantage, nach Louveciennes, wenige Kilometer weiter.

Noch in Deutschland, kurz vor dem Umzug hatte sich Vater einen neuen Wagen, einen Ford 17 M, gekauft: Mutter durfte die Farbe auswählen. Grün mit cremefarbenen Seitenteilen, dazu Weißwandreifen. Ein schickes und bequemes Auto, das Mutter – zumindest zeitweise – mit der Aussicht, drei Jahre in Frankreich leben zu müssen, versöhnte.

Auch eine neue Küche, ein Kühlschrank und eine Waschmaschine sowie das eine oder andere Stück Garderobe

---

[26] SHAPE: **S**upreme **H**eadquarters **A**llied **P**owers **E**urope (Oberstes Hauptquartier der Alliierten Mächte Europa) damals – bis 1964 – in Roquencourt, einem Vorort von Paris, zwischen Versailles und Saint Germain-en-Laye

müssen Mutter milder gestimmt haben damals. Claudia und ich fanden das alles aufregend und abenteuerlich. Wir freuten uns auf die „neue Welt", die uns da erwartete.

Meinen Klavierunterricht hat er auch fortgesetzt, damals in Frankreich; mittlerweile auch ohne Kopfnüsse. Anfangs ging es um leichtere Etüden und Sonatinen von Clementi oder Burgmüller, später meist um Beethoven, denn für seine Musik hatte Vater ein besonderes Faible. Nach einer „Schonfrist" – bedingt durch den Umzug und die neue, fremdartige Umgebung – wurde zunächst das bisher Gelernte aus der Sonthofener Zeit repetiert, später habe ich mich auf Vaters Geheiß an Beethovens Mondschein-Sonate gewagt, anfangs nur an die ersten beiden Sätzen, später auch an den fulminanten dritten Satz.

Wegen seiner vielfältigen Beziehungen zu amerikanischen Offizieren standen eines Tages auch Auszüge aus George Gershwins Filmmusik auf dem Klavier: „Nice Work If You Can Get It" aus dem Film „Damsel In Distress" beispielsweise, „I Got Plenty O' Nuttin", „It Ain't Necessarily So" oder „Summertime" und „A Woman Is A Sometime Thing" aus „Porgy and Bess". Das waren gänzlich neue Harmonien, die Vater aber durchaus imponierten. Bei Staatskapellmeister Striegler in Dresden hatte er derlei nicht gehört damals in Dresden, ebenso wenig wie die Werke von Mendelssohn-Bartholdy oder anderen jüdischen Komponisten wie er uns bei dieser Gelegenheit erzählte.

An „Porgy and Bess" muss er überhaupt Gefallen gefunden haben damals, denn als er in den folgenden Jahren das „SHAPE Symphonic Orchestra" dirigierte, wurden – neben klassischen Stücken – auch Auszüge hieraus gespielt und gesungen. Der Applaus der internationalen Zuhörerschaft war beachtlich; auch im Mitteilungsblatt des Hauptquartiers wurde darüber berichtet.

Da Vater auch norwegische Bekannte hatte, kam bald Edvard Griegs „Hochzeitstag auf Troldhaugen" hinzu, mit dem er brillierte; später auch Auszüge aus der Peer Gynt Suite, wie „Morgenstimmung", „Anitras Tanz" oder „In der Halle des Bergkönigs". Dann war da vor allem Claude Debussys „Claire de Lune", sein expressives, schwer zu spielendes Tongedicht in des-Dur aus der Suite bergamasque – schließlich wohnten wir ja in Frankreich. Bei mir ging das alles anfangs äußerst holprig, bis endlich auch bei mir der Faden riss und ich mehr und mehr auf Noten, zumindest streckenweise, verzichtete. 25 Mark hatte er mir damals versprochen, wenn ich Debussys Werk denn eines Tages auswendig spielen könnte. Ich kann mich allerdings nicht erinnern, sie jemals bekommen zu haben. Bei Vater klang das alles ganz einfach; er brauchte dazu ja ohnehin keine Noten.

Am 20. Dezember 1960 wurde Vater zum Major ernannt. Damit war ein wesentliches, weiteres Ziel erreicht, und das kurz vor Weihnachten. Der Verteidigungsminister hatte die Urkunde paraphiert und der Bundespräsident persönlich hatte die Urkunde unterzeichnet.

Wir waren alle wieder einmal sehr stolz auf Vater.

Aufgrund seiner dienstlichen Tätigkeit als „Crypto Custodian"[27] musste Vater viel reisen. Vermutlich hätte er auch auf die eine oder die andere Reise verzichten können, doch das wollte er nicht, denn Vater liebte es, zu reisen.

Anfangs ging es regelmäßig nach Dänemark, Norwegen und Italien, später kamen England, Griechenland, Malta und die Türkei hinzu. Natürlich brachte er uns jedes Mal allerlei Mitbringsel mit, aber auch jede Menge Dias. Diese durfte ich nach seinen Anweisungen rahmen und beschriften, dann hat er sie uns vorgeführt. In mir haben die Berichte über seine Reisen jedenfalls

---

[27] Engl.: Schlüsselmittelverwalter

den Wunsch geweckt, all diese verlockenden Ziele später selbst einmal kennen zu lernen und dabei möglichst noch mehr zu erleben als Vater. Mutter nahm das alles zwar mit skeptischem Interesse zur Kenntnis, doch sie selbst blieb lieber zu Hause, obwohl sie hin und wieder durchaus hätte mitfliegen können. Sie kümmerte sich lieber um ihre Blumen und buk köstliche Torten.

Natürlich wies Vater bei all seinen Berichten auch stets auf begleitende Literatur und sonstige kulturelle Zusammenhänge hin: so auf Axel Munthes „Haus von San Michele", wenn er uns Bilder dessen phantastischer Villa auf Capri zeigte oder auf Thor Heyerdals experimentelle Entdeckungsreisen, wenn er uns Aufnahmen seines Floßes „Kon-Tiki" aus Oslo vorführte. Besonders fasziniert haben mich damals auch seine Bilder der farbenfrohen Geburtstagsparade der britischen Königin, „Trooping the Colour" in London und die blumenreichen Erzählungen seiner Besuche im „Großen Bazar" in Istanbul. Von seinen dienstlichen Tätigkeiten hat er naturgemäß nichts erzählt, aber wohl auch, weil ihn das selbst weit weniger interessiert hat als seine Ausflüge vor Ort und – natürlich – die phantastischen Speisen und Getränke an all diesen exotischen Zielen.

Klar, dass er auch privat mit uns reiste. Schon im nächsten Jahr haben wir in den Sommerferien die Costa Brava, und damit Spanien, „erkundet"; Vater hatte dort, in Caldetas, nördlich Barcelona – über englische Kontakte – einen geräumigen Bungalow gemietet. Dieses Mal war Tante Martel mit von der Partie, die älteste von Mutters jüngeren Schwestern, die wohl sonst nie in derlei Gefilde gekommen wäre. Und dort war es Vaters vorzüglichstes Vergnügen, uns mit all den fremdartigen Genüssen bekannt zu machen, von denen wir zuvor allenfalls gehört hatten, wenn überhaupt. Melonen gab es da in Hülle und Fülle, riesige Weintrauben, die Früchte des Affenbrotbaums, „Gazpacho Andaluz", eine vorzügliche, kalte spanische Gemüsesuppe, mit

Oliven und viel Knoblauch angemachten Tintenfischsalat und gebratene Thunfisch-Steaks, ganz zu schweigen von den köstlichen Paëllas mit möglichst vielen Muscheln, Fisch und Safran-Reis. Für Vater waren dies elysische Gefilde, Claudia und ich probierten alles und fanden unseren Gefallen daran, Mutter und Tante Martel machten, der Not gehorchend und mangels anderer Möglichkeiten, mit.

Und dann der Wein! Zuerst angenehm gekühlter, leichter Weißer, dann köstlicher, süffiger, schwerer Roter… Selbst Claudia, damals 14 Jahre alt, durfte hin und wieder probieren und wurde dann jedes Mal durchaus belustigend gesprächig.

Natürlich haben wir uns auch in die Wellen geworfen und bräunen lassen; haben Muscheln gesammelt und allerlei gelesen. Vater hielt derweil regelmäßig seine Siesta. Der Höhepunkt des Tages aber war zweifellos das abendliche Essen unter samtschwarzem Himmel, begleitet von der Musik unzähliger mediterraner Zikaden.

Auch in den nächsten Jahren fuhren die Eltern – anfangs mit uns Kindern, später alleine – in den Ferien nach Spanien. 1962 ging es, quer durch Frankreich und über die Pyrenäen, zunächst zu einem äußerst bequemen Parador-Hotel mit sicherlich interessanter, allerdings ausschließlich spanisch geschriebener Menu-Karte: da wir kein Spanisch sprachen und höchstens den einen oder den anderen Begriff aus dem Lateinischen oder Französischen ableiten konnten, bestellten wir einfach, von oben beginnend, weitgehend alles, was da aufgeführt war und probierten. Ein sicherlich nicht ganz billiges Vorgehen, aber für Vater war dies ein besonderes Vergnügen. Beim Essen ließ sich Vater nie lumpen, vor allem, wenn es „exotisch" war.

Nach einem kurzen Aufenthalt in Madrid und Toledo erreichten wir Granada. Klar, dass uns Vater auf der Alhambra einen Schnellkurs über die Eroberung der iberischen Halbinsel durch die Mauren und eine Einweisung in deren Kunst gab, abends in einer „Zigeuner-Höhle" mit uns essen ging und uns zu einer Vorführung spanischer Flamenco-Tänze einlud.

Eine dauerhafte Unterkunft fanden wir freilich erst, als wir uns an der Mittelmeerküste wieder in Richtung Norden bewegten: in San Juan bei Alicante, unweit vom Meer, landeten wir – rein zufällig – in einem exotisch blühenden Garten einer Bungalow-Siedlung, in der nach einem Tag auch tatsächlich ein Bungalow frei wurde. Die Besitzer, deutsche Juden, die in den dreißiger Jahren vor dem Nazi-Terror geflohen waren, freuten sich, wieder Deutsch sprechen zu können, obwohl sie uns anfangs, wegen des französischen Nummernschilds, für Franzosen hielten und es auf Französisch mit uns versuchten.

Frau Fredersdorf ging denn auch sofort mit den Eltern auf den Markt in Alicante um beim Einkaufen zu helfen und kümmerte sich, mit ihrem Mann und ihrer Tochter, aufmerksam und freundlich um uns. Eines Abends heuerte sie einen Sänger an, der inmitten exotischer Blumen, Düfte und unter einem unwirklich großen Vollmond zu Gitarrenmusik sein „Cucurucucu" zelebrierte. Vater war begeistert und auch Mutter war entzückt.

Am nächsten Abend sahen wir alle, auf Vaters Geheiß, um „onze de la noche"[28] in der Stierkampfarena von Alicante eine Aufführung von „Rigoletto" von Giuseppe Verdi. Hier war Vater ganz in seinem Element. Er dirigierte noch tagelang – im Geiste – das Orchester und wir erfuhren so manches Wissenswerte über die Handlung und Maestro Verdi.

Die Eltern waren noch jahrelang danach mit Fredersdorfs befreundet und Vater hat viele Bekannte zu ihnen in den Urlaub „geschickt".

---

[28] Span.: Elf Uhr nachts

Im Juli 1963 hat dann Vater anlässlich einer Dienstreise, kurz nachdem ich das Baccalauréat abgelegt hatte, Claudia und mich zu einem verlängerten Wochenende mit nach London genommen. Für uns war das der erste Flug; schon das war aufregend genug. Doch dann zeigte uns Vater London mit vielen seiner Sehenswürdigkeiten, von denen wir schon so viel gehört und gelesen hatten: Saint Pauls Cathedral, Westminster Abbey, die Houses of Parliament mit Big Ben, Piccadilly Circus, die Threadneedle Street, den Hyde Park und den Buckingham Palace, eine Wachablösung, den Tower of London... Selbst nach Greenwich ist er mit uns gefahren, damit wir einmal auf dem Nullmeridian stehen konnten. Nur den sprichwörtlichen Londoner Nebel, von dem wir in verschiedenen Krimis immer wieder gelesen hatten, konnte er uns nicht zeigen, denn den gab es damals schon nicht mehr, zumindest nicht, als wir da waren.

Natürlich sind wir abends essen gegangen! Zuerst in Soho bei einem Inder, am Tag darauf bei einem Chinesen. Die Krönung aber war ein Besuch im „Royal Haymarket Theatre" mit einer Aufführung von „My Fair Lady". Auszüge daraus hatten wir kurz zuvor noch im Englischunterricht in Paris gelesen. Ich war „thrilled to pieces"[29] und betrachtete das alles als Anerkennung fürs Baccalauréat; Claudia sah es als Ansporn für zu erbringende Leistung. Vater aber war zufrieden denn er hatte erneut zu unserer Bildung beigetragen.

Kurz zuvor war Vaters dienstliche Verwendung in Frankreich um ein knappes Jahr, bis Ende März 1964, verlängert worden. Das kam ihm natürlich entgegen, denn die Auslandszulage konnte er gut gebrauchen. Auch die vielen Dienstreisen und das gute Essen in diesem zusätzlichen Jahr haben ihm selbstredend gefallen.

---

[29] Engl.: „höchst entzückt"

Vor allem aber konnte er seine Dirigenten-Tätigkeit als Leiter des internationalen SHAPE Symphonic Orchestra weiter pflegen und ausbauen. Eine Aufführung, zu Ende seiner Zeit in Frankreich, am 18. März 1964, fand sogar in der Öffentlichkeit, im „Théâtre Montansier", in Versailles, statt.

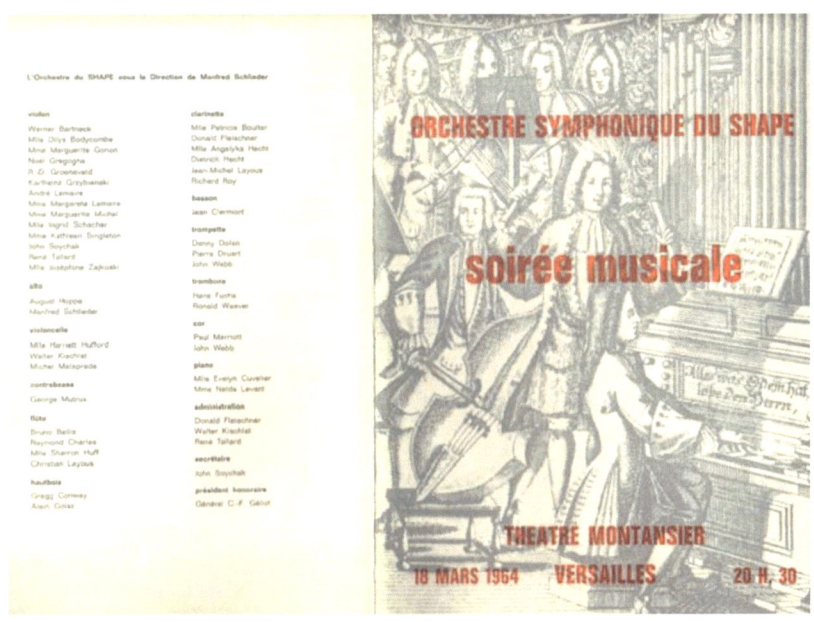

Hier standen Werke von Haydn, Verdi, Wagner, Mozart, Bach, Puccini und Johann Strauss auf dem Programm – alles Werke, die Vater in seiner Dresdner Zeit auf der Musikhochschule „aus dem ff", wie er immer sagte, gelernt hatte.

Das Programm war natürlich in Französisch verfasst, doch gesungen wurde auf Deutsch und Italienisch, auch von der Tochter des französischen Direktors unserer internationalen Schule, Mlle Annie Tallard, einer Sopranistin.

ORCHESTRE SYMPHONIQUE DU SHAPE
PROGRAMME DE LA SOIREE MUSICALE DU 18 MARS 1964
AU THEATRE MONTANSIER DE VERSAILLES

PREMIERE PARTIE

1" Mouvement de la SYMPHONIE N° 100 "Militaire",
    en sol majeur, de Joseph HAYDN.

Aria "GILDA" de RIGOLETTO,
    de Giuseppe VERDI. Soprano : Mlle Annie Tallard.

CHANTS NATIONAUX ET FOLKLORIQUES,
    Chorale Internationale des Professeurs de l'Ecole du SHAPE.

Aria "SENTA" du VAISSEAU FANTOME,
    de Richard WAGNER. Mezzo-soprano : Mme Else Meyer.

Polka "LES BLUETS",
    dansée par les Elèves de l'Ecole du SHAPE.

Ballet sur "LES PETITS RIENS",
    de Wolfgang MOZART : Larghetto, Adagio et Gavotte,
    interprété par les Elèves de l'Ecole du SHAPE.

DEUXIEME PARTIE

PETIT CONCERTO pour piano-forte,
    en ré majeur, opus 7 n° 3, de Jean-Chrétien BACH.
    Au piano : Mme Isolde Aldinger.

Aria "TOSCA" de LA TOSCA,
    de Giacomo PUCCINI. Mezzo-soprano : Mme Else Meyer.

Aria "MEIN HERR MARQUIS" de LA CHAUVE-SOURIS
    de Johann STRAUSS. Soprano : Mlle Annie Tallard.

1" Mouvement de la SYMPHONIE N° 40,
    en sol mineur, de Wolfgang MOZART.

Zeitweise hat Vater, in Ermangelung anderer Interpreten, sogar selbst dazu die Bratsche gespielt. Ein voller Erfolg. Die Zeitungen haben berichtet. Ich habe es sehr bedauert, dass ich nicht mehr dabei sein konnte.

Bevor er dann wieder nach Deutschland versetzt worden ist, wurde ihm, durch den Stellvertretenden Obersten Befehlshaber Europa, dem französischen Viersterne-General Geliot, als Dank für seine Tätigkeit, das Schallplatten-Album „Die Fledermaus" von Johann Strauß, zusammen mit einem Anerkennungsschreiben, überreicht. Das Orchester aber schenkte ihm einen neuen Taktstock mit Gravur, denn seiner war schon ganz verbogen.

Vater erhält, aus der Hand des Stellvertretenden Obersten Befehlshabers Europa, das Schallplatten-Album „Die Fledermaus". Links im Bild Vater, in der Mitte General Geliot, der Ehrenpräsident des Orchesters, rechts der Präsident des SHAPE Symphonic Orchestra, Oberstleutnant i.G. W.W. Kischlat[30]

---

[30] Foto der Presseabteilung SHAPE v. 23. März 1964

7. Kapitel: In der Truppe in Regensburg

Am 1. April 1964 trat er seinen Dienst in Regensburg, beim Fernmeldebataillon 4 an, zunächst als Stellvertretender Kommandeur und S3-Stabsoffizier; ein halbes Jahr später, am 1. Oktober 1964 übernahm er das Bataillon als dessen vierter Kommandeur. Seine Vorgänger waren die Oberstleutnante Geisler (1956 – 1960), Schwietzke (1960 – 1962) und Mischke (1962 – 1964). Das Bataillon lag in der „Ritter-von-Raffler-Kaserne", war der 4. Panzergrenadierdivision, deren Stab ebenfalls in Regensburg lag, unterstellt und für die Fernmeldeverbindungen der Division und den Fernmeldebetrieb in ihren Gefechtsständen verantwortlich.

Das halbe Jahr Vorlauf als S3 habe er dringend gebraucht, erzählte er später, denn er habe zu allererst einmal lernen müssen, wie man den Feldanzug anzieht, denn den hatte er bei SHAPE und zuvor an der Fernmeldeschule noch nie angehabt.

Vaters erste Maßnahme in Regensburg war indes, eine geeignete Schule für Claudia zu suchen; das aber erwies sich wegen der Tatsache, dass sie nie Latein, dafür aber Englisch und Französisch gelernt hatte, als problematisch. Schließlich wurde er fündig: in der Klosterschule Pielenhofen, unweit Regensburg, passte die Fremdsprachenfolge – nur war die Schule eben katholisch. Noch dazu kam Claudia aus Paris… „Ist sie denn ein Straßenkind?" soll ihn die Mutter Oberin gefragt haben, erzählte Vater später. Er muss innerlich gekocht haben während dieses Gesprächs, doch schließlich ging es darum, seine Tochter in einer passenden Schule unterzubringen. So blieb Vater gelassen und zeigte sich von seiner charmantesten Seite, denn charmant sein konnte er wahrlich, wenn er wollte. Schließlich erklärte sich die Mutter Oberin bereit, Claudia als *Interne* aufzunehmen: als einzige

Evangelische unter lauter katholischen Nonnen und Schülerinnen. „Nun ja, im Zeichen des Konzils..." soll sie seufzend gesagt haben.

Auch eine Wohnung war schnell gefunden; anfangs eine „Notwohnung" in der Schwabenstraße 1, unweit der Raffler-Kaserne. Später zogen sie erneut um, in ein größeres Appartement, immer noch in der Schwabenstraße. Mutter schaffte auch das.

Nun war er also wieder „in der Truppe", das erste Mal seit 1945 und noch dazu – mit nur zeitlich knappem Vorlauf – als Bataillonskommandeur. Noch war er Major, aber das war in diesen Jahren der Personal- und Finanzmittelknappheit so üblich. Über ganze v i e r Offiziere verfügte damals der Bataillonsstab, einschließlich Stellvertretendem Kommandeur und Truppenarzt.

Alle Kompanien wurden von Oberleutnanten geführt und die Masse der Zugführer-Stellen war mit Portepee-Unteroffizieren, zumeist Oberfeldwebeln, besetzt. Das „Not-Soll" für Offiziere im Bataillon (15 Offiziere bei insgesamt ca. 650 Soldaten, zuzüglich einer etwa 150 Mann starken Ausbildungskompanie) wurde regelmäßig, z.T. drastisch, unterschritten, von der täglichen „Präsenz-Stärke" (Soll abzüglich Kommandierter, Kranker, Urlauber usw.) ganz zu schweigen.

Die Geräteausstattung bestand anfangs aus US-Funkgeräten und Fernsprech- und Fernschreibgerät der ehemaligen deutschen Wehrmacht; 1964 begann allerdings allmählich die Ablösung der US-Funkgeräte im Heer durch die neu entwickelten Fahrzeugfunkgeräte SEM 25/35 und das neue, analoge Richtfunksystem FM 12/800 in Röhren-, Relais- bzw. Transistortechnik, so dass sogenannte Korps-Stammnetze auf dem

Gefechtsfeld mit Draht-/ Richtfunkanteilen zuverlässiger als bisher hergestellt und betrieben werden konnten.[31]

„Im Jahresschnitt nehmen die Soldaten des Bataillons an acht bis zwölf größeren Übungen teil, vervollkommnen ihre Ausbildung, reifen zu einem zuverlässigen Führungsinstrument heran und ernten mannigfach Lob und Anerkennung..." heißt es dazu in der Festschrift „25 Jahre Fernmeldebataillon 4" aus dem Jahre 1981[32]; eine Herausforderung ganz besonderer Güte, ganz ohne Zweifel.

Die eigentliche Last dieser Herausforderung hatten in dieser Lage natürlich die Unteroffiziere zu tragen; also galt es vor allem, diesem Personenkreis die erforderliche Anerkennung zu zollen. Dazu heißt es in der Bataillonsgeschichte: „... Auf Anregung des neuen BtlKdr[33] wird am 21. 11. (1964) ein Tanzabend der Unteroffiziere des Bataillons durchgeführt. Die Veranstaltung im ‚Landshuter Hof' wird zu einem vollen Erfolg."[34]

„Mit Hully-Gully, Twist und Cha-Cha-cha"[35] ist denn auch der diesbezügliche, äußerst wohlwollende Artikel im Regenburger „Tagesanzeiger" betitelt: ganz offensichtlich fühlten sich die Unteroffiziere und deren Damen bei dieser ersten Veranstaltung ihrer Art wohl, und auch die Verbundenheit des Unteroffizierkorps mit der Garnisonstadt wurde gewürdigt.

---

[31] Aus „Geschichte der Fernmeldetruppe Fernmeldeverbindungsdienst (Kurzfassung)", FmS/FSHElT AG Tradition Stand: 15. 06. 2001; so im Wesentlichen auch Gesprächen mit meinem Vater entnommen
[32] Festschrift „25 Jahre Fernmeldebataillon 4", hrsg. v. Kommandeur FmBtl 4, 1981, Walhalla u. Pretoria Verlag Regensburg
[33] BtlKdr: Bundeswehr-Kürzel für „Bataillonskommandeur"
[34] Bataillonsgeschichte Fernmeldebataillon 4 vom 01. 01. 1956 bis 31. 12. 1974, vom Januar 1975, S. 29 (Umdruck)
[35] Regensburger „Tagesanzeiger" v. 23. 11. 1964

Veranstaltungen wie diese entwickelten sich denn auch bald zur Tradition, denn schon sechs Monate später heißt es wieder: „Unteroffiziere der Bundeswehr baten zum Tanz". Auch dieser Ball war wohl wieder ein voller Erfolg, denn – so heißt es im dazu erschienenen Artikel: „Der in einem großen Kreis getanzte ‚Letkiss' brachte die Stimmung gleich in Schwung und sorgte für die nötige ‚Auflockerung'…"[36]

Natürlich kamen auch die Offiziere und deren Damen bei Vaters gesellschaftlichen Veranstaltungen nicht zu kurz; Mutter hat häufig genug von diversen Kaffeekränzchen, Einladungen zum Abendessen zu Hause, Kasino-Abenden, Tanzveranstaltungen und gemeinsamen Ausflügen berichtet. Auch an eine gemeinsame Sylvester-Feier in der Hütte des Pfeffer-Bauern im Bayerischen Wald kann ich mich erinnern; dabei ging es hoch her und alle hatten ihren Spaß, noch dazu bei gutem, deftigem Essen und an frischer Luft. Überhaupt hatte es Vater mit dem Pfeffer-Bauern und seiner Hütte: das Offizierkorps des Bataillons benutzte sie häufig bei Übungen des Bataillons in der Nähe und im Rahmen der gemeinsamen, eher rustikalen Freizeitgestaltung.

Zu dieser Zeit war ich Fähnrich, später Leutnant an der Offizierschule III in München und Sieglinde, die Tochter des Pfeffer-Bauern, studierte dort Pädagogik. Vater muss sehr um mich besorgt gewesen sein damals, denn rein zufällig ergab es sich, fast ohne mein Zutun, dass ich das Madel kennenlernte damals. Wir haben eine Menge miteinander unternommen während meiner Zeit in München. Später haben wir uns aus den Augen verloren.

---

[36] Regensburger „Tagesanzeiger" Nr. 127, S. 20 undatiert (jedoch wohl vom Mai 1965, denn die Veranstaltungen fanden im November und im Mai statt; dies geht aus dem Text des Artikels hervor)

Doch auch auf karitativem Gebiet wurde Vater mit seinem Bataillon aktiv: „Eine Brücke zu alten Menschen schlugen ... in der Vorweihnachtszeit die Soldaten des Fernmeldebataillons 4 in der Rafflerkaserne. Sie luden 60 Frauen und Männer ein, holten sie mit ihren Privatautos aus ihren Wohnungen ab und bewirteten sie mit Kaffee und Kuchen. Über das gegenseitige Näherkommen sprach auch Bataillonskommandeur Major Schlieder in seinen herzlichen Begrüßungsworten. Für jeden Gast lag ein Geschenk im Wert von 20 bis 30 Mark bereit. Die Mittel dazu waren in den Kompanien gesammelt worden. Die Volksmusikgruppe Furth im Wald war eigens gekommen um für die Gäste der Soldaten besinnliche und heitere Lieder zu spielen."[37]

Doch auch auf anderer Ebene geht es aufwärts. „Am 06. Oktober 1964 hat der Bundespräsident Truppenfahnen für die Bataillone und entsprechenden Verbände ‚als äußeres Zeichen gemeinsamer Pflichterfüllung im Dienst für Volk und Staat' gestiftet. Am Samstag, dem 24.04. hat Major Schlieder die Bataillonsfahne in Münster in Empfang genommen und nach Regensburg gebracht. Am darauffolgenden Dienstag treten die fünf in Regensburg stationierten Verbände zur feierlichen Übernahme in der Raffler-Kaserne an. Die schwarz-rot-goldenen Truppenfahnen flattern im Aprilwind, als die fünf Fahnenabordnungen an den angetretenen Soldaten vorbeimarschieren..."[38]

---

[37] Mittelbayerische Zeitung vom Montag, 20. Dezember 1965
[38] Bataillonsgeschichte Fernmeldebataillon 4 ... S. 31

Abordnungen aller Bundeswehr-Bataillone bei der Übernahme der neuen Truppenfahnen am 24. 04. 1965 in Münster. Vater mit der Fahnenabordnung des Fernmeldebataillons 4 in der ersten Rotte vorn links.

Trotz aller Übungen, Schießen, Sportfeste, Tanzveranstaltungen und Seniorenabende während des ganzen Jahres war die Übernahme der neuen Fahne des Bataillons ganz sicherlich d e r Höhepunkt der dienstlichen Veranstaltungen in der Rafflerkaserne im Jahr 1965 und auch bestimmt für das ganze Bataillon.

Der Höhepunkt in Vaters Zeit als Bataillonskommandeur war indes wohl seine Beförderung zum Oberstleutnant. Am 13. Januar 1966 hatte der Bundespräsident – Heinrich Lübke – die Beförderungsurkunde unterschrieben und natürlich wurde das entsprechend gefeiert. Ich erhielt erst einige Tage später davon Kenntnis, denn mangels eines privaten Telefons musste mir

Mutter brieflich von diesem Ereignis berichten. Wir waren wieder einmal stolz auf unseren Vater.

Natürlich wurde im Bataillon vor allem geübt: „Bis die Schwarte kracht", hat Vater häufig erzählt. „Nach zehn Minuten fertig im Kampfanzug für ‚Schneegestöber' – Das Fernmeldebataillon 4 rückt zu einer Übung aus / Funkverbindung für eine Division / Die Gemeinschaft als ein Motor" schreibt denn auch der Regensburger „Tagesanzeiger" am 28. Januar 1965. Ganz offensichtlich war der Reporter beeindruckt, denn: „Was wir da an Schnelligkeit und Präzision zu sehen bekamen, war erstaunlich…"[39]

Das war auch erforderlich, denn die Division war grenznah disloziert und müsste im Ernstfall sofort in der Lage sein, ihren Verteidigungsauftrag zu erfüllen. Die Fernmelder als „Heinzelmännchen auf dem Gefechtsfeld", wie sie der Kommandeur der 4. Panzergrenadierdivision, Generalmajor Hellmut Grashey, einmal nannte, waren insofern „Männer der ersten Stunde" und konnten nicht „lang fackeln", wenn es galt, die technische Führungsfähigkeit der Division sicherzustellen.

Dazu brauchte das Bataillon aber zu allererst das notwendige Personal, so dass jede Gelegenheit genutzt wurde, aktiv Öffentlichkeitsarbeit zu leisten. Der erste „Tag der offenen Tür" am 26. September 1965 war eine solche Veranstaltung gewesen, bei der nicht nur Vorführungen aus dem Leben im Feld und in der Kaserne, Waffen- und Geräteausstellungen stattfanden, sondern auch detaillierte Auskünfte über Berufs- und Laufbahnfragen der Bundeswehr – und speziell im Bataillon – gegeben wurden. Das muss gefruchtet haben, denn allmählich besserte sich die Personallage und die Stimmung im Bataillon stieg. Ihren Auftrag

---

[39] Regensburger „Tagesanzeiger" vom 28. 1. 1965

haben die Regensburger Fernmelder denn auch, trotz der anhaltenden Belastung, stets uneingeschränkt erfüllt.

Das betonte auch der Divisionskommandeur in seiner Ansprache anlässlich Vaters Versetzung nach Feldafing, am 11. September 1967. In der Regensburger Stadt-Umschau heißt es dazu: „Generalmajor Grashey nannte eine Division ohne Fernmelder ‚einen Körper ohne Nerven', womit er die Wichtigkeit des Fernmeldebataillons unterstrich. In den dreieinhalb Jahren beim Fernmeldebataillon 4 … habe er (Oberstleutnant Schlieder) das Band des Vertrauens innerhalb des Bataillons gestärkt und ein Höchstmaß an Leistungen erbracht… ‚Sie haben die Probleme der Truppe zu Ihren eigenen gemacht'. Mit Nachdruck stellte der General heraus, dass sich das Fernmeldebataillon eines guten Rufes in Regensburg erfreue…"[40]

Solchermaßen in der Richtigkeit seiner Maßnahmen bestärkt konnte Vater „sein" Bataillon beruhigt seinem Nachfolger, Major Kurt Nolzen, überlassen. Er selbst aber freute sich auf seine neue Aufgabe als Leiter des Schulstabs an der Fernmeldeschule des Heeres, mittlerweile in Feldafing am Starnberger See. An der Fernmeldeschule hatte 1956 seine Laufbahn bei der Bundeswehr begonnen.

Zuvor aber haben wir, alle gemeinsam, noch einen wunderschönen Ausflug durch den Bayerischen Wald gemacht, bis hin zur Befreiungshalle nach Kelheim und von dort zum Kloster Weltenburg mit seiner prunkvollen, barocken Abteikirche und seinem süffigen Dunkelbier.

Danach ging es, durch den Donaudurchbruch, auf zwei Boote verteilt, zurück nach Kelheim. Vater liebte diese eher deftigen, rustikalen Genüsse und abenteuerliche Erlebnisse dieser Art.

---

[40] Regensburger Stadtumschau in „Regensburger Tagesanzeiger" vom 12.9.1967

Mutter machte auch das mit, denn es blieb ihr ja nichts weiter übrig.

8. Kapitel: Im Schulstab in Feldafing

Kommandeur der Fernmeldeschule war Brigadegeneral Manfred Grunwald, schon seit langem mit Vater bekannt, denn schon in Sonthofen war er – damals als S3-Stabsoffizier – Vaters Chef. Offenbar mochten sich die beiden und kamen blendend miteinander aus. Auch privat hatte sich schon fast eine Freundschaft zwischen den Familien entwickelt. Ich kann mich gut an diverse Abende in unserem Haus erinnern, zu dem Grunwalds kamen, damals schon in Sonthofen, später in Paris und nun auch in Feldafing. Anlässlich meiner Reise zur Offizierbewerber-Prüfzentrale in Köln, kurz bevor ich das Baccalauréat ablegte, haben sich Grunwalds um mich gekümmert und zum Abendessen eingeladen. Auch ihre Kinder, jünger als Claudia und ich, waren uns seit den Sonthofener Zeiten bekannt.

So hat denn auch das dienstliche Miteinander, beide nun in deutlich höheren Positionen, gut geklappt und Vater entwickelte sich als Leiter des Schulstabs mehr und mehr zur rechten Hand des Schulkommandeurs.

Anfangs, d.h. in den ersten drei Jahren seiner knapp vierjährigen Tätigkeit an der Fernmeldeschule, wohnten die Eltern in Feldafing, in einem geräumigen Bungalow, „Im Harl 2", so hieß die Straße. Man konnte von da aus zu Fuß zur Schule gehen und Vater tat das regelmäßig. Auch die unmittelbare Umgebung lud zu ausgiebigen Wanderungen ein: nach Traubing beispielsweise, zur Jause in einen Gasthof, zum Deixlfurter See oder zur Ilkahöhe mit ihrem unvergleichlichen Panorama von der Zugspitze bis zu den Chiemgauer Alpen. Nicht allzu weit entfernt lag Kloster Andechs: auch dort konnte man gut einkehren, sich bei selbst mitgebrachtem Imbiss im Biergarten am würzigen Starkbier laben oder auf dem Starnberger See auf einem Ausflugsschiff in der Sonne und an der frischen Luft aalen.

Vater genoss das alles bis zum Anschlag, und auch die gelegentlichen Fahrten nach München zum Einkaufen oder in die Oper, ins Theater oder nur so, zum Bummeln, waren ganz nach seinem Geschmack. Das gefiel sogar Mutter. Selbst zum Oktoberfest sind sie gegangen; mit den Offizieren des Stabes und deren Damen, natürlich. Auch das hat Mutter mitgemacht, sogar im Dirndl.

Im Mai 1969 sind die Eltern nach Südtirol gefahren um dort, in Meran, ihre Silberhochzeit zu feiern. Ich habe sie dorthin begleitet, wohl auch, um Vater beim Autofahren abzulösen, gelegentlich. Hin und wieder war Vater langsamer geworden und weniger belastbar. Er wollte das nicht wahrhaben, natürlich, und hat auch nie darüber gesprochen. Aufgefallen ist es mir aber schon, wenngleich nur allmählich. Mutter hat das auch nie thematisiert. In ihren Briefen klang es aber an. Man musste nur genau genug lesen.

Den Bau des Kasinos, auf einer Anhöhe, inmitten des weitläufigen Areals im Schulgelände hat er vorangetrieben damals, denn von dort hatte man eine grandiose Aussicht auf den See und die Alpen. Auch Feste ließen sich dort feiern, und Vater feierte immer noch gerne und feste. Zünftige Feste.

Natürlich hat er sich vor allem um seinen Stab gekümmert, hat befähigte Offiziere zu sich in den Stab geholt, ganz so, wie er damals in den Stab geholt worden war, weil er mehr gearbeitet hatte als andere.

Mit einigen anderen Offizieren ist er damals während eines Kurzurlaubs zum Plattensee nach Ungarn gefahren, um kameradschaftliche Beziehungen zu pflegen und auszubauen; dabei ließ er sich, wie in all diesen Fällen, nie lumpen. Klar, dass sie dann für ihn gearbeitet haben, mehr als andere. Einige haben dann später sogar mehr erreicht, als er selbst.

Im Sommer 1969 waren er und Mutter im Urlaub auf Elba. Da erreichte sie die Nachricht, dass General Grunwald gestorben sei. Im Dienst. Von jetzt auf gleich. Umgefallen und tot.

Sie müssen entsetzt gewesen sein damals; Mutter hat das in einem Brief an mich, wenig später, immer noch fassungslos berichtet. Sie haben ihren Urlaub sofort abgebrochen und sind ohne Unterbrechung zurückgefahren nach Feldafing. Dort fand wenig später das Begräbnis statt.

„Offiziere und Unteroffiziere, Personal der Schule widmeten ihre Kränze, vor ihnen für den Inspekteur des Heeres General Paulsen; für den Inspizienten der Führungstruppen, General Straden, der unmittelbare Vorgänger Grunwalds, ebenso wie der frühere Kommandeur der Fernmeldeschule, General Burchardt. In Zivil war auch der inzwischen pensionierte erste Kommandeur, General Frede, erschienen; für die Britische Rheinarmee widmete Lieutenant Colonel Rowlands den Lorbeer…"[41]

Zwei weitere Jahre hat Vater danach noch den Schulstab in Feldafing geleitet; in dieser Zeit war er einmal so krank, dass mit dem Schlimmsten zu rechnen war. Er war ganz offensichtlich chronisch überarbeitet; dazu kam eine Bronchitis. Die anschließende Kur hat ihn allmählich wieder aufgebaut. Danach hat er sich wieder häufiger als in den Jahren zuvor auch körperlich betätigt. Im Winter schnallte er sich sogar Langlaufski unter und war oft stundenlang unterwegs.

---

[41] In einem Artikel anlässlich der Trauerfeier und des Gedenkappells für General Manfred Grunwald von Georg J. Denkl in einem lokalen Zeitungsartikel, wohl aus einer Starnberger oder Tutzinger Zeitung vom Sommer 1969

Mit dem folgenden Schulkommandeur hat er sich weniger gut verstanden; ganz offensichtlich passte die „Chemie" zwischen den beiden nicht einmal im Ansatz. Insofern war die Folgezeit wohl eher eine Qual, ganz sicher für Vater. Er hat sich das allerdings nie anmerken lassen und nicht darüber gesprochen. Erst viel später, als er schon pensioniert war, hat er davon erzählt. Eher beiläufig.

Auch Klavierspielen habe ich ihn nur selten gehört in dieser Zeit; das mag aber auch daran gelegen haben, dass ich die Eltern nur selten besucht habe, damals. Zuerst war ich Ordonnanzoffizier im Hauptquartier der Alliierten Streitkräfte Mitteleuropa, AFCENT, in Brunssum in den Niederlanden, später Hörsaaloffizier an der Offizierschule I in Hannover, danach Kompaniechef in Münchweiler, in der Pfalz; da war weniger Zeit für Familiäres.

Nur zwei Mal habe ich ihn spielen gehört in dieser Zeit: einmal, als ich die Eltern mit Judy, meiner damaligen amerikanischen Freundin, zum Abschluss einer Reise besucht habe, und dann, als Claudia, im Mai 1970, Georg heiratete. Natürlich hat er bei dieser Gelegenheit Griegs „Hochzeitsmarsch auf Troldhaugen" gespielt. Den kannten wir schon aus unserer Zeit in Paris. Im übrigen war er mit der Organisation von Claudias eigentlich noch nicht so ganz geplanter Hochzeit vollauf beschäftigt, während Mutter Claudias Brautkleid nähte, buk und sich um die vielen Gäste kümmerte. Zeitgleich war der Anbau unseres Hauses in Miltenberg geplant; doch auch das hat er gestemmt, wie so viele andere unvorhergesehene Maßnahmen zuvor.

9. Kapitel: Die letzten sechs Berufsjahre in Casteau

Anfang August 1971 wurde Vater – nunmehr zum zweiten Mal – nach SHAPE versetzt; das Hauptquartier lag mittlerweile in Casteau bei Mons in Belgien. Zugleich wurde er zum Oberst befördert. Das war ganz offensichtlich der krönende Abschluss seiner Karriere bei der Armee, denn er wusste, in sechs Jahren würde er pensioniert. Doch davor galt es nun, eine ganz besondere Herausforderung zu bestehen:

Im Auftrag von SACEUR[42] sollte er den Aufbau, die Organisation und Inbetriebnahme des geplanten neuen NATO-Fernmeldesystems im Kommandobereich Europa, NICS[43], überwachen und die entsprechenden Forderungen einbringen; dazu war eng mit der hierfür vorgesehenen NICSMA[44] in Brüssel, den betroffenen Verteidigungsministerien und den SACEUR unterstellten NATO-Hauptquartieren in Europa zusammen zu arbeiten. Das bedeutete natürlich erneut, neben der erforderlichen Stabsarbeit, reisen, reisen, reisen! So war Vater wieder in seinem Element und darin fühlte er sich wohl. Was stand da nicht alles auf dem Programm! Neben häufigen Dienstreisen nach Brüssel gab es da Konferenzen in den entsprechenden Ministerien bzw. NATO-Stäben in Bonn, London, Kopenhagen, Oslo, Den Haag, Brunssum, Rom, Neapel, Athen, Ankara, Istanbul und Izmir; zusätzlich kamen hin und wieder Reisen nach Latina in Süditalien hinzu, denn da wurde die NATO-Fernmeldeschule etabliert, die für die Ausbildung der Techniker zur Bedienung und

---

[42] SACEUR: **S**upreme **A**llied **C**ommander **E**urope – Oberster Alliierter Befehlshaber Europa
[43] NICS: **N**ATO **I**ntegrated **C**ommunications **S**ystem – Integriertes Fernmeldesystem der NATO
[44] NICSMA: **N**ATO **I**ntegrated **C**ommunications **S**ystems **A**gency – Agentur für das Integrierte Fernmeldesystem der NATO

Instandsetzung der neuen Systeme zuständig sein sollte: unter anfangs recht dürftigen Bedingungen. Das alles war nicht ohne Reiz aber auch anstrengend, denn anfangs wusste niemand, worum es sich hier überhaupt drehte. Auf die Frage, was er denn eigentlich bei SHAPE tue, sagte er denn auch anfangs lapidar: „NICS", fügte dann aber erläuternd hinzu, dass das eigentlich noch „nix" sei, nämlich nichts. Damit leitete er einmal einen Vortrag an der NATO-Schule in Oberammergau ein, zu dem ich ebenfalls kommandiert war. Als der amerikanische Kommandant erfuhr, dass ich sein Sohn war, wurde ich ebenfalls zum Essen, das man Vater gab, eingeladen. Mir war das peinlich, Vater hat es gefreut.

Für Mutter war das alles angenehmer als früher in Paris, denn ihr Englisch und auch ihr Französisch war mittlerweile durchaus passabel und ein weitläufiges Einkaufszentrum lag auch in der Nähe ihrer Wohnung in SHAPE-Village, unmittelbar neben dem Hauptquartier. So setzte denn auch bald zu Hause ein reges „Party-Leben" ein, zu der Mutter das Ihre, nämlich exquisite Kochkunst und freundliche Bewirtung einer Unmenge von Gästen, beitrug. Auch auf diesem Gebiet war ja nun Vater wieder in seinem Element und da die belgische Küche zu den weltweit besten gehört, kam Vater auch auf diesem Gebiet schnell und in ganzem Umfang auf seine Kosten. Mutter hingegen fing an zu malen und zu basteln. Die meisten Ergebnisse dieser zeitintensiven Tätigkeiten, die ihr aber viel Freude gemacht haben, hat sie bei den verschiedenen Weihnachtsbazars verkauft und den Erlös einem Wohltätigkeitsverein gespendet. Vater sah das alles mit Wohlwollen, denn natürlich kam es ihm auch darauf an, dass sich seine Frau wohlfühlte. Überdies war Spenden christlich und „Geben war seliger denn nehmen", auch das war eine von Vaters Devisen.

Ich habe sie recht bald und häufig besucht in ihrem neuen Haus an der Rue de Luxembourg, 52 und natürlich taten die Eltern ihr Bestes um mich dann auch kulinarisch zu verwöhnen; so erinnere ich mich gerne an diverse festliche Essen, Einladungen zu Hause und bei anderen Offizieren, manch exquisite Mahlzeit in den umliegenden Restaurants in Mons und in Brüssel und auch an einen denkwürdigen Sylvesterball im Offizierclub des Hauptquartiers, bei der ich Sheilagh kennen lernte, die mehrsprachige Tochter eines seiner kanadischen Offiziere. Sogar zum „Honorary Canadian"[45] wurde ich damals bei einer kanadischen Veranstaltung ernannt… Vater sah das mit nachsichtigem Interesse und auch Mutter hörte schon das Gras wachsen.

Gut zwei Jahre später ergab es sich, dass ich selbst nach SHAPE versetzt wurde, sehr zur Freude meiner Eltern – und meiner eigenen natürlich. Anfangs konnte ich zu Hause wohnen, das war praktisch und sparte mir eine Menge Geld; später habe ich in einer eigenen, schönen kleinen Wohnung in Mons gewohnt, doch es war angenehm, die Eltern in der Nähe zu wissen. Zweieinhalb Jahre habe ich dort verbracht, von Ende September 1973 bis Ende März 1976, und wir haben viel gemeinsam unternommen.

Dann aber fing Vater an, sich wieder seiner eigentlichen Neigung zu widmen: er dirigierte den deutschen Chor, der speziell zu Weihnachten, zur Hochform auflief, denn da präsentierten alle bei SHAPE vertretenen Nationen bei einem gemeinsamen Gottesdienst ihre Weihnachtslieder. Was wurde da nicht wochenlang, regelmäßig schon ab September, zumeist in der Internationalen Kirche, gesungen und geprobt! Vater aber schrieb die erforderlichen Sätze für die einzelnen Stimmlagen und ließ

---

[45] Engl.: Kanadier ehrenhalber

nicht locker bis der deutsche Chor, natürlich lauter Laien, schon fast professionelle Züge annahm. Selbst der „Einmarsch" des Chors wurde „gedrillt", die Einsätze und natürlich auch das Abtreten zum Schluss: alles wurde so lange geübt, bis es „saß" und an Präzision und Harmonie kaum zu überbieten war.

Natürlich war es Vater ein besonderes, professionelles Vergnügen, auch weniger bekannte Lieder einzustudieren: da war beispielsweise – sehr zur Freude von Mutter – die oberschlesische Weise „Auf den Bergen, da wehet der Wind", das uralte Weihnachtslied „Joseph, lieber Joseph mein…" aus dem 14. Jahrhundert und später, zu Weihnachten 1976, auch eine eigene, vierstimmige Komposition: Die Vertonung von Worten aus dem 96. Psalm, „Singet dem Herrn ein neues Lied…", bei dem selbst ich mitgesungen habe. Nicht, dass ich besonders gut gesungen hätte, aber es ging natürlich auch um stimmliches Volumen. Ich war damals schon wieder in Deutschland stationiert, doch 1976 war Vaters letztes Weihnachten in SHAPE und da wollte ich dabei sein.

In dieser Zeit haben die Eltern ein ganz besonders enges Verhältnis zum deutschen evangelischen Militärpfarrer gepflegt, der auf deutscher Seite die Federführung für das Weihnachtslieder-Singen hatte und auch manche „oekumenischen Abendgottesdienste mit Chor", zusammen mit seinem katholischen Kollegen, organisierte. Auch privat haben die beiden Familien gut miteinander harmoniert und manche außerdienstliche Reise gemeinsam unternommen. Dass Pfarrer Klaus Stein zu dieser Zeit auch Söhne im „Teenager-Alter" hatte, die sich gern ein paar belgische Francs hinzuverdienen wollten, war auch für Mutter von Vorteil: So hatte sie bei gesellschaftlichen Veranstaltungen zu Hause Unterstützung und mehr Zeit, sich um ihre Gäste zu kümmern, denn den Jungs machte es Spaß, Apéritifs und Canapés anzubieten sowie anschließend beim Abwasch zu helfen.

Am 4. April 1975 erhielt Vater die Dankurkunde des Bundesministers der Verteidigung zur Vollendung seiner Dienstzeit von 25 Jahren. Da ich zu dieser Zeit ja selbst bei SHAPE Dienst tat, wurde auch ich zu dem kleinen Festakt befohlen. Unter normalen Umständen hätte er an diesem Tag auf mindestens 36 Dienstjahre zurückblicken können, denn als Oberst blickt man in der Regel auf eine längere Dienstzeit als 25 Jahre zurück; das war natürlich auch dem General, der die kleine Ansprache hielt, aufgefallen. Doch dazu fehlten die 11 Jahre, in denen unser Land keine Armee hatte. Andererseits: Wenn es eine gehabt hätte, hätte Vater wohl kaum die ganze Zeit über in ihr gedient sondern hätte eine musikalische Karriere durchlaufen. Ob er so viel gereist wäre in dieser Zeit und so viel gesehen hätte, wie bei der Armee, ist eine ganz andere, allerdings rein hypothetische Frage. Wahrscheinlich hätte er sich auch mit seiner Musik einen gewissen Namen gemacht

In den letzten beiden Jahren, mit zunehmender Einführung der neuen NATO-Fernmeldesysteme, wechselte Vater den Dienstposten und wurde Chef der Operationsabteilung bei NACOSA[46], jedoch nach wie vor mit Dienstsitz in SHAPE. An seiner Reisetätigkeit hat sich damit nicht viel geändert.

Vater hat viel Anerkennung erfahren für sein musikalisches Engagement in seiner „belgischen" Zeit; am 16. Juni 1977 ist er dafür – und sicherlich auch für seine musikalischen Aktivitäten in Paris in den sechziger Jahren – mit dem Bundesverdienstkreuz am Bande ausgezeichnet worden. Er hat sich sehr darüber gefreut. Sogar der Inspekteur des Heeres hat schriftlich gratuliert.

Schade, dass Vater damals unser altes Klavier an einen Amerikaner verkauft hat, der wohl von seinen kunstvollen

---

[46] NACOSA: **NA**TO **C**ommunications **O**perations **S**ystems **A**gency – Agentur für den Betrieb der NATO-Fernmeldesysteme

Nussbaumintarsien, den glänzenden Messingleuchtern und den Elfenbeintasten begeistert war. Vater meinte, das Klavier sei in die Jahre gekommen und lasse sich nicht mehr richtig stimmen. Ich habe das sehr bedauert, als ich – leider zu spät – davon erfahren habe. Er hat sich dann ein modernes, belgisches Klavier gekauft. An dem hingen freilich keine Erinnerungen; schmerzhafte Erinnerungen an die Kopfnüsse in meiner Miltenberger Kindheit schon gar nicht. Es klang auch anders. Später haben wir es verkauft. Unser „altes" Klavier aber sehe ich im Geiste immer noch an seinem angestammten Platz, obwohl da mittlerweile ein Kachelofen steht und ich auf meinem eigenen Flügel spiele. Bei einem Literaturwettbewerb ist es mir letztens gelungen, Erinnerungen an unser altes Klavier in einer Miltenberger Anthologie unterzubringen. So ist es gedanklich immer noch hier präsent, obwohl es längst in Amerika steht, falls es noch „lebt".

Kurz bevor ich nach Lüneburg versetzt wurde, wollte ich mir noch ein neues Auto kaufen; das war – wegen des „Diplomatenrabatts", der im Ausland gewährt wurde, besonders attraktiv. Da ich allerdings ein halbes Jahr früher versetzt wurde als eigentlich geplant, fehlten mir 3.000 DM, die ich mir eigentlich noch ersparen wollte. Vater hat sie mir sofort vorgestreckt; ich sollte sie zurückzahlen, sobald ich konnte. Die letzten Raten hat er mir erlassen.

Im letzten Jahr in Casteau wurde Mutter sehr krank; sie hatte wohl eine verschleppte Virusgrippe und lag wochenlang im amerikanischen Militär-Krankenhaus, unweit des Hauptquartiers. Da sich die amerikanischen Ärzte in hervorragender Weise um sie kümmerten, hat sie – trotz einer lebensbedrohlichen Krise – überlebt. Vater hat sich danach nicht nur beim amerikanischen Chefarzt sondern auch bei dessen Vorgesetztem, einem US-General, in aller Form bedankt. Der zuständige amerikanische Arzt wurde kurz danach ausgezeichnet. Vater hatte immer schon eine ganz besondere Beziehung zu Amerikanern. Nach Amerika ist er allerdings nie geflogen. Irgendwie hat sich das nicht ergeben.

Mit Ablauf des 30. September 1977 wurde Vater, 59-jährig, mit Überschreiten der damals für seinen Dienstgrad festgesetzten Altersgrenze, pensioniert; die Eltern haben sich beide sehr auf den neuen Lebensabschnitt gefreut. Gut, dass sie vor ihrem eigentlichen Umzug nach Miltenberg dort schon wochenlang ihren Urlaub verbringen konnten; Vater hatte wegen seiner sechsjährigen Auslandsverwendung an die drei Monate Urlaub „aufgestaut", die er zuvor nicht hatte nehmen können. So waren sie de facto schon lange vor ihrem Umzug in ihrem „Heimathafen eingelaufen".

10. Kapitel: Lebensabend in Miltenberg

Beim Umzug selbst konnte ich ihnen nicht helfen, denn ich war dabei, meinen eigenen Umzug vorzubereiten: ich war mit Wirkung vom 18. 10. 1977 zur NATO-Fernmeldeschule nach Latina in Süditalien versetzt. Vater hatte sich dort schon wiederholt umgesehen und war daher von meiner Versetzung dorthin sehr angetan, denn das verhieß weitere Reisen und gutes italienisches Essen. Zuvor aber musste ich meinen Nachfolger einweisen und sollte an der Fernmeldeschule in Feldafing, Vaters alter Wirkungsstätte, hospitieren, was immer das bedeuten sollte.

Noch vor ihrem Umzug nach Miltenberg war Mutter erneut krank geworden. Wie sich herausstellte, hatte sie Krebs. Vater hat sie aufopfernd gepflegt, speziell in der letzten Zeit, als es ihr schon sehr schlecht ging, zu Hause. Doch das alles hat nichts geholfen. Ein knappes Jahr später, am 23. Juli 1978 ist sie, noch nicht 59 Jahre alt, gestorben.

Wenige Wochen zuvor, am 1. Juli 1978, ein knappes Jahr nach meiner Versetzung nach Italien, habe ich in Miltenberg geheiratet; Mutter sollte das noch miterleben. Von Bärbel, die ich ihr am Krankenbett vorgestellt habe, war sie sehr angetan. Vater übrigens auch. „Nu, da bringste ja mal 'ne Richt'che", hat er in seinem sächsischen Tonfall gesagt, als ich sie zum ersten Mal mitgebracht habe; schon zuvor hatte er mir einen ganzen Strauß rote Rosen mitgegeben aus seinem Garten, als ich sie zum ersten Mal besuchte. Das war erstaunlich, denn mit seinen Rosen ging er sparsam um. Doch in diesen Dingen hatte er einen guten Riecher.

Einige Tage nach unserer Hochzeit sind wir wieder nach Italien gefahren; drei Wochen später kamen wir zurück geflogen, denn mit Mutter ging es zu Ende. Bei ihrer Beerdigung hat Vater Uniform getragen, obwohl er schon pensioniert war. Bei ihrer

Hochzeit habe er schließlich auch Uniform getragen, sagte er; das gehöre sich so.

Wenn er wieder zu sich gekommen sei, wolle er uns in Latina besuchen, sagte er, als wir wieder abfuhren.

Kaum drei Wochen nach Mutters Begräbnis ist auch ihre Mutter, Oma Martha, in Northeim 80-jährig gestorben.

Es war eine harte Zeit für Vater, das erste Jahr seit seiner Pensionierung. Gekocht hat er auch, von Tag zu Tag besser. „Kochen kann jeder…" hat er dazu gesagt, „…man muss nur lesen können."

Knapp zwei Monate später hat er uns in Latina besucht. Dort haben wir gemeinsam seinen 60. Geburtstag gefeiert. Bärbel hat ihm 60 kleine Kerzen auf die Torte gesteckt: Er hat mächtig Luft geholt und sie alle auf einmal ausgeblasen. So allmählich ging es ihm wohl wieder besser.

Wir haben viel mit ihm unternommen damals, um ihn auf andere Gedanken zu bringen. Natürlich waren wir mehrfach gemeinsam in Rom, selbst zu einer Generalaudienz beim Papst sind wir gepilgert; nach San Felice Circeo, Nettuno und Sperlonga ans Meer sind wir gefahren und nach Sermoneta in die Berge. Wir haben gemeinsam Fisch, Pilze, Zucchini und Artischocken auf dem Markt gekauft, Käse, Rotwein und die ganzen übrigen „Spanifanteln", wie er früher immer sagte. Wir waren in den wesentlichen Restaurants mit ihm in Latina und Umgebung. Es hat ihm gut getan, aber Weihnachten hat er bei Claudia, Georg und den Kindern in München verbracht, denn da gab es schon eine richtige Familie. Weihnachten hat Vater immer in seiner Familie verbracht.

Auch im nächsten Jahr ist er wieder gekommen; im Sommer im Zug mit Claudia und den Kindern. Gefreut hat er sich vor allem, als Michi, der ältere der beiden Jungen, alles aß, was man ihm anbot, einschließlich Fisch, Muscheln und jede Menge Spaghetti. Mit den Kindern hat er im Meer Ball gespielt und ihnen Eis gekauft, so viel sie wollten. Abends aber trank er ein gutes Glas Rotwein oder auch zwei, manchmal auch drei.

Einmal kam er wieder mit der Eisenbahn zu uns; wir wollten ihn in Rom auf dem Hauptbahnhof abholen, der Zug kam an doch Vater war nicht auf dem Bahnsteig. Wir haben gesucht und gesucht, sogar in München bei Claudia angerufen denn sie hatte ihn zum Zug gebracht. Alles war verlaufen wie geplant, doch Vater war nicht da. Auch der Gang zum Informationsbüro brachte zunächst keine Klarheit: der Zug aus München war angekommen. Allerdings in zwei Teilen und nicht auf dem vorgesehenen Bahnsteig… Wir haben ihn dann doch noch gefunden. Er stand da auf dem Bahnsteig, auf dem er nicht ankommen sollte – was er natürlich nicht wusste –, mutterseelenallein und wartete: irgendwann würden wir schon kommen. Er hat mir leid getan in diesem Moment; doch wir waren froh, dass wir ihn doch noch gefunden hatten in dem ganzen italienischen Chaos um uns herum.

Als Giulio Melini, einer meiner italienischen Mitstreiter an der Schule, hörte dass Vater zu Besuch bei uns war – denn er kannte ihn aus dessen aktiven Zeit in SHAPE und diversen Besuchen in Latina – hat er uns unverzüglich zu Hause eingeladen und uns stolz mit Hausmusik empfangen: seine Kinder waren allesamt musikalisch und beherrschten mindestens ein Instrument. Zudem hatte er einen Steinway-Flügel. Dann bat er Vater, zu spielen. Vater improvisierte. Ich glaube, das war die Geburtsstunde von Vaters „Römischen Brunnen". Später hat er sie Bärbel auf Kassette zum Geburtstag geschenkt. Sie sind das einzige Tondokument seiner Musik, das wir noch haben.

*Vater im Mai 1980 an Giulio Melinis Flügel in Latina;
wohl die Geburtsstunde der Invention „Römische Brunnen"*

Wir haben ihn dann zu einer Rundreise durch Tuskien und nach Florenz mitgenommen, über Tarquinia, eine etruskische Nekropole, zum Bolsena See, über Montefiascone und Orvieto mit seinem wunderschönen gotischen Dom und einer Pietà von Michelangelo, bis nach Florenz, wo wir in einem Heim der grauen schlesischen Schwestern übernachteten. Von da aus haben wir all die Sehenswürdigkeiten in Florenz zu Fuß erkundet: den Ponte Vecchio, die Piazza della Signoria, die Kathedrale Santa Maria del Fiore mit dem Campanile des Giotto, die Basilica di San Lorenzo, den Palazzo Pitti, die Uffizien…, bis selbst Vater, der das alles sichtlich genoss, vor lauter Staunen nicht mehr konnte.

Anfang Juli 1980 ist Bärbel nach Deutschland geflogen, denn sie war schwanger und wollte das Kind in Deutschland zur Welt bringen. Drei Wochen nach Barbaras Geburt wurde das Kind in Hemer getauft; natürlich kam die ganze Verwandtschaft und auch Vater war da. Bei der Kaffeetafel nach der Taufe hielt Vater eine Rede:

„…Wie schön, jetzt ist sie da,
die liebe, kleine Barbara.
Sie nahm sich zwar ein wenig Zeit,
doch von Latina (bis nach) Hemer ist's ja ziemlich weit.

Sie liegt so süß und hilflos da,
sie braucht Mama, sie braucht Papa.
Bald wird sie krabbeln, stehen, geh'n,
das kann man schon sehr deutlich seh'n.

Und dann wird die Mama laufen
und dem Kind viel schöne Dinge kaufen.
Und der Papa, der darf nicht ruh'n, nicht rasten,
der haut kräftig in die Tasten.

Er wird nicht schlafen, nicht erschlaffen,
er muss ja nun das Geld 'ranschaffen.

Und auf der Beförd'rungsleiter
da steigt er weiter, immer weiter.

Wir werden es dann seh'n:
Das Kind wird in die Schule geh'n.
Vor den Lehrern steh'n die Eltern Schlange…
und dem Vater ist's sehr bange.

Dass das Kind auch richtig lerne,
eine „Prima" hätt' er gerne!

Sie wird dann in die Tanzschul' geh'n,
damit sie lerne, sich zu dreh'n.
Sie braucht dann Kleider, Schmücke, Hüte,
und alles sei von erster Güte!

Sie wird dann geh'n und selber kaufen
und nach den schönsten Dingen laufen.
Mama Bärbel darf ein wenig näh'n
und sich das schöne Kind beseh'n.

Doch der Vater darf nicht rasten,
der haut kräftig in die Tasten,
darf nicht schlafen, nicht erschlaffen,
er muss ja stets das Geld 'ranschaffen;
und auf der Karriereleiter
steigt er weiter, immer weiter.

Und nächstens kommt ein junger Mann,
der dann alles besser weiß und besser kann,
als die Mama, als der Papa –
dafür sind ja auch die jungen Männer da.

Und – parbleu – ist er der Wahre,
steht sie flugs vor dem Altare.
Wie wird da die Mama laufen
und dem Kind die schönsten Dinge kaufen…

> Und der Papa, der wird nicht rasten,
> der haut kräftig in die Tasten.
> Er wird nicht schlafen, nicht erschlaffen,
> er muss ja nun das Geld 'ranschaffen.
>
> Ich bin aber froh und heiter,
> denn fröhlich geht das Leben weiter…"

Im Wesentlichen hat dann später auch alles so zugetroffen; er hatte ja, im Gegensatz zu uns, auf diesem Gebiet schon Erfahrung. „Vor dem Altare" war er allerdings dann nicht dabei, denn da lebte er schon nicht mehr; der Altar stand ja auch in Amerika, und da ist er auch früher schon nie hingekommen. Seinen anschließenden Trinkspruch auf Barbara: „vivat, crescat, floreat!"[47] habe ich allerdings bei meiner Rede anlässlich Barbaras Hochzeit in Amerika in memoriam auch verwendet, obwohl ich da Englisch sprechen musste wie er, während einer ganzen Reihe von Jahren. Vorsichtshalber habe ich allerdings bei dieser Gelegenheit den Trinkspruch auch ins Englische übersetzt.

Noch im selben Jahr, am 20. November 1980, hat Vater erneut geheiratet. Lilo Mengler aus Iserlohn war in Dresden geboren, wie er. Das gab Vater Auftrieb. Sogar sein Haus hat er noch einmal erweitert. Regelmäßige Urlaubsreisen haben sie auch miteinander unternommen: vorwiegend auf verschiedene Inseln im Mittelmeer und im Atlantik aber auch zum Opernball nach Wien, nach München und nach Hamburg, auch zu diversen Kuren in die Berge. Vater war fast wieder der Alte.

Anlässlich seines 65. Geburtstags, Ende September 1983, war die gesamte Verwandtschaft eingeladen. Ein Fest wie in alten Zeiten! Einen riesigen Schinken im Brotteig hat er bei dieser

---

[47] Lat.: „Sie lebe, wachse, blühe!"

Gelegenheit gebacken und im Triumph hereingetragen. Anschließend gab es Pflaumenkuchen, wie früher. Vater war wieder oben auf.

Natürlich haben sie uns gemeinsam in Latina besucht, wie auch – als wir wieder in Deutschland waren – auf dem Lande in Gückingen bei Diez an der Lahn zu Sylvias, unserer Jüngsten, Taufe und in Kastellaun im Hunsrück, als ich mein Bataillon übernahm, später auch zu einem Frühlingsball. Seinen 70. Geburtstag hat er mit Lilo während einer Kur in Bad Tölz gefeiert; er wollte keine größeren Umstände. Lediglich Claudia hat ihn besucht, da sie ohnehin zu diesem Zeitpunkt in dieser Gegend war. Die Kur hat den beiden – wie immer – gut getan.

Knapp zehn Jahre währte dieses neue Hochgefühl, dann rief mich Vater, als ich einen Lehrgang an der Führungsakademie besuchte, an: Lilo hatte einen Herzinfarkt erlitten. Wenige Tage später, am 20. Juni 1990, ist sie gestorben.

Jetzt war Vater wieder allein. Er konnte es nicht fassen. Mittlerweile war er 72 Jahre alt. In dieser Zeit hat er wohl angefangen, sich häufiger einmal einen zu genehmigen, um es vornehm auszudrücken.

1991 bin ich allein mit ihm nach Cosel in Oberschlesien, südlich von Oppeln, gefahren. Ich wollte sehen, wo die Großeltern, Mutters Eltern, gelebt, wo er Mutter kennen gelernt hatte und wo ich 1944 geboren wurde. Eine denkwürdige Reise, etwa 850 km Strecke; der polnische Streckenanteil war damals noch recht mühsam zu befahren. In Breslau haben wir ein altmodisches Hotel gefunden und uns anderntags bis nach Cosel „durchgeschlagen". Dort gab es überhaupt kein Hotel, jedenfalls haben wir keines gefunden.

Dann konnte ich es anfangs nicht glauben: Vater konnte – oder wollte – sich an nichts erinnern. Lediglich das Gestüt auf der

Oderinsel, in dem sein Schwiegervater arbeitete und in dem er mit seiner Familie wohnte, hat er wieder erkannt. Mit der Kutsche hat er Mutter damals dort abholen lassen, wusste ich aus Mutters Erzählungen: ein regelrechter „Skandal" seinerzeit. Eine eigene Wohnung hatte sie auch damals, an der Klodnitzer Straße, wie ich gehört hatte; allerdings fehlte mir die Nummer. In irgendeinem Tanz-Café müssen sie sich kennen gelernt haben, als Vater seinen Typhus im Lazarett auskurierte, 1943. Im „Karolus-Stift" hatte Mutter, nach dem „Landjahr" beim BDM[48], hauswirtschaften gelernt, im nahegelegenen Krankenhaus wurde ich geboren und in der evangelischen Kirche getauft. Das alles wollte ich sehen und Erklärungen dazu hören. Vater aber schwieg. Er könne sich an nichts erinnern; auch sei er nicht lange dort gewesen damals und im Übrigen sei vieles anders als vor 48 Jahren…

Ich habe das nicht verstanden. Wir sind schweigend wieder abgefahren, bis nach Waldenburg, in ein dubioses Hotel, aber es war das einzige weit und breit. Am nächsten Abend waren wir wieder zu Hause. Dort habe ich ihn zur Rede gestellt. Ich wollte wissen, warum er nichts erzählt hat, vor Ort, aus dieser düsteren Zeit. Zuletzt haben wir uns angebrüllt, die halbe Nacht. So war ich mit meinem Vater noch nie umgegangen, doch das war zu viel und ich musste mir Luft machen. Am nächsten Morgen bin ich sehr zeitig abgefahren. Ich wollte ihn nie wiedersehen.

Ein halbes Jahr lang währte Funkstille, dann habe ich mich entschuldigt denn wahrscheinlich war ich in Form und Inhalt meiner Anwürfe zu weit gegangen; vielleicht hatte er auch Gründe, über die er nicht mit mir sprechen wollte. Dann haben wir wieder Frieden geschlossen. Der Vorfall wurde zwischen uns nie wieder thematisiert.

---

[48] BDM: Abkürzung für „**B**und **D**eutscher **M**ädel", der weibliche Zweig der **H**itler-**J**ugend (HJ) während der Nazi-Zeit

Doch dann hat auch er sich wieder gefangen. Erst fuhr er zu einer Kur, nach Oberbayern und im Winter, deshalb nahm er seine Langlaufskier mit. Wir haben ihn dort auch besucht. Das alles hat ihm offensichtlich gut getan. Ebenso gut, wie der Besuch alter Kameraden und Bekannter bei ihm zu Hause, aus seiner „belgischen", seiner Regensburger und seiner Feldafinger Zeit. Sie hatten von seiner neuerlichen Misere gehört und wussten, dass er schlecht allein sein konnte. Natürlich haben auch wir ihn immer wieder in Miltenberg besucht und er kam zu uns, nach Rheinbach als ich in Bonn Dienst tat und nach Geispolsheim im Elsass, als ich in Straßburg beim EUROKORPS tätig war. Speziell dort gab es mehrfach Gelegenheit: anlässlich Bärbels 50. Geburtstag und Barbaras Konfirmation, später zu meinem Geburtstag – all dies 1994 – und im folgenden Jahr zu Sylvias Konfirmation.

Jahre zuvor schon muss er Ilse, eine frühere Bekannte, wieder getroffen haben. Sie sind sich näher gekommen im Laufe der Zeit und haben auch zeitweise, teils in Miltenberg, teils in Weilheim, zusammen gelebt. Geheiratet haben sie allerdings nicht. Doch Vater tat diese Beziehung gut und Ilse wohl auch. Sogar eine gemeinsame Broschüre mit Gedichten, abwechselnd von ihm und von ihr geschrieben, haben sie drucken lassen damals. Ich musste, als ich sie später las, an Hölderlins Korrespondenz zwischen Hyperion und Diotima[49] denken; wahrscheinlich hatte Vater hier die Federführung, denn Hölderlins Werke haben ihn schon früher inspiriert. Eine Ausgabe seiner Werke – mit Widmung aus dem Jahr 1939 – habe ich in seiner Bibliothek an prominenter Stelle gefunden. Auch Rilke hat wohl eine Rolle gespielt im literarischen Leben der beiden, denn auf dem Umschlag ihrer Gedichtsammlung stehen Worte aus seinem „Liebeslied":

---

[49] Hölderlins Werke: Hyperion oder der Eremit in Griechenland, Verlag von Philipp Reclam jun. Leipzig

> „…doch alles, was uns anrührt,
> Dich und mich,
> nimmt uns zusammen
> wie ein Bogenstrich,
> der aus zwei Saiten eine Stimme zieht…"[50]

Ein nicht alltäglicher Vergleich. Doch Vater spielte selbst Geige und beherrschte diese Technik. Mich hat das immer fasziniert, wenn er mich auf der Violine begleitete oder als er, später während seiner Zeit als Leiter des Internationalen Symphonieorchesters in Frankreich, von Zeit zu Zeit die Bratsche spielte.

Doch auch dieses Glück währte nicht lange. Ilse ist schon im Sommer 1993 gestorben. Das Erbe, das sie ihm zugedacht hatte, ihre Wohnung, hat er ausgeschlagen und sie entfernten Verwandten, die er erst ausfindig machen musste, zukommen lassen. Ihr Grab in Tutzing hat er über seinen Tod hinaus pflegen lassen, weil sich sonst niemand darum kümmerte.

Als ich im Oktober 1996 im Rahmen des IFOR-[51] Einsatzes mit meiner Truppe in den Balkan verlegte, war er besorgt. Sein Trost war, dass ich kurz vorher ein „Handy" gekauft hatte, über das er mich in der Regel – auch abseits fester Infrastruktur – erreichen konnte; von dieser Möglichkeit hat er denn auch rege Gebrauch gemacht.

Am 1. November 1996 wurde ich in Neapel, denn da lag mein Hauptquartier zu Anfang des Einsatzes, zum Oberst befördert. Das hat nicht nur meine Familie, meine Truppe und mich selbst gefreut sondern auch ihn, obwohl ich ihn jetzt „eingeholt" hatte.

---

[50] Rainer Maria Rilke: aus „Liebeslied" in "Das Buch der Gedichte", im Bertelsmann Lesering, Gütersloh 1963, S. 163 f
[51] IFOR: NATO-Kürzel für **I**nternational **For**ce, später SFOR: **S**tabilization **For**ce

Doch vier Monate danach kam erneut ein Schock: Bärbel war schwer erkrankt, so schwer, dass ich unverzüglich nach Hause geflogen bin; das war wichtiger als der Einsatz, denn der lief auch ohne mich. Vater hat erneut sehr Anteil genommen und sich gekümmert, so gut er konnte. Er hat fast täglich angerufen in dieser Zeit. Auch in Heidelberg hat er uns damals immer wieder besucht.

Doch nachdem Bärbel wieder genesen war, ging ich erneut in den Einsatz. Alles lief bestens. Am 28. April 1998 rief mich Bärbel in meinem Hauptquartier in Sarajewo an und fragte vorsorglich, ob ich auch sitze.

Vater war in der Nacht zuvor gestorben.

Natürlich bin ich sofort nach Hause geflogen; am nächsten Tag schon war ich mit der gesamten Familie in Miltenberg.

Bei seinem Begräbnis hat eine Cellistin das „Largo" von Händel gespielt, das er mir, als ich ein Junge war, auf dem Klavier beigebracht hatte. Dann wurde „So nimm denn meine Hände und führe mich…" gespielt und gesungen. Hinter uns ein Sopran. Die Dame hatte nach dem Krieg bei ihm Gesangsunterricht gehabt.

Ein Trompeter blies: „Ich hatt' einen Kameraden…". Der „Fernmeldering", eine Vereinigung ehemaliger und aktiver Fernmeldesoldaten, hatte einen Kranz mit schwarz-rot-goldener Schleife geschickt; sein alter Freund aus Sonthofener Zeiten, Generalmajor a.D. Harry Schneider und einige aktive und pensionierte Offiziere erwiesen ihm, außer seinen Verwandten und Miltenberger Bekannten, die letzte Ehre.

Das Gedicht auf seiner Todesanzeige hat er selbst verfasst:

„Ich muss nun auf die Reise geh'n –
denn einmal ist es Zeit!
Will Gott in seinem Glanze seh'n
O Herr mach' mich bereit!

Ich hab' ja einen Freund bei mir
der nimmt mich an der Hand,
führt mich durch eine dunkle Tür,
ins Vaterhaus, ins Heimatland.

Und bin ich fort, so weinet nicht!
Ich bin ja nun bei Gott!
Ich bin bei Gott in seinem Licht,
zu End' ist alle Not!

Ich hatte einen Freund bei mir,
der nahm mich an der Hand,
führt' mich durch eine dunkle Tür
ins Vaterhaus, ins Heimatland!"

Das Gedicht hat er auch vertont: Ein Choral zu vier Stimmen. Kirchenmusik. Ganz so wie er es bei Staatskapellmeister Kurt Striegler in Dresden gelernt hatte.

Für uns alle unfaßbar, verstarb völlig unerwartet unser lieber Vater, Schwiegervater und Opa

Manfred W. Schlieder
Kapellmeister
Oberst a.D.
* 29. 9. 1918 † 29. 4. 1998

Miltenberg

In stiller Trauer:
Harald und Bärbel Schlieder
mit Barbara und Sylvia
Georg und Claudia Albeck
geb. Schlieder
mit Michael und Frank
und alle Angehörigen

Die Trauerfeier findet am Dienstag, dem 5. Mai 1998, um 14.00 Uhr, auf dem Friedhof in Miltenberg statt; anschließend Beerdigung.

11. Kapitel: Epilog

In den letzten Jahren habe ich viel nachgedacht über meinen Vater und ich träume immer noch hin und wieder von ihm, denn hier, im Haus, das er 1946 gebaut und später zweimal erweitert hat und in dem wir jetzt wohnen, erinnert mich viel an ihn. Auch, dass es zuletzt ziemlich baufällig war und renoviert werden musste, denn er hat es in den letzten Jahren nicht mehr instand setzen lassen, zumindest nicht, soweit es nicht unbedingt erforderlich war. Er hat es lediglich an d e r Seite anstreichen lassen, an der er auf der Terrasse saß, und auch den Riss an der Ost-Seite des Hauses hat er nicht mehr ausbessern lassen, ebenso wie er die defekten Fliesen im Innenhof oder das schadhafte Parkett im Wohnzimmer nicht mehr ersetzen ließ. Auch der Balkon war zuletzt so baufällig, dass man ihn ohne Gefahr nicht mehr betreten konnte.

Wir hätten das Haus, nachdem wir es übernommen hatten, auch abreißen und ein neues bauen lassen können. Irgendwie hätte ich das aber als pietätlos empfunden, denn ich wusste, wie viel Arbeit, Schweiß und Mühe es gekostet hatte, es seinerzeit zu bauen und später zu erhalten. Ich wusste auch, wie sehr Vater daran hing, auch als er jahrelang nicht mehr darin wohnte. Opa Willy war hier gestorben, Mutter und nun auch er selbst.

Außerdem habe ich hier Klavierspielen gelernt, Dresche bezogen, im Garten Bogen schießen und Badminton spielen gelernt, hatte hier mit Vater Französisch repetiert und zum ersten Mal Amerikaner gesehen. Vater hatte mir, an der Hausecke vor der großen Wassertonne beigebracht, wie man einen Adventskranz windet und war von hier aus mit mir nach Heidelberg gefahren, um mir das große Fass zu zeigen, das er sicherlich gerne leer getrunken hätte, wenn es denn gefüllt gewesen wäre.

In und an unserem Haus, das wir seitdem renoviert und modernisiert haben, erinnert mich alles an Vater, auch an Mutter, meine Schwester und die Großeltern. Aber vor allem an Vater, denn er war die treibende Kraft, war die bestimmende Person zu Hause und auch lange Zeit noch danach.

Letztens habe ich auf dem Boden all seine Dokumente und vor allem seine Noten „gefunden"; eigentlich wusste ich schon vorher, dass sie da waren, aber so richtig wahrgenommen hatte ich sie nie, dazu hatte ich auch nie Zeit.

Dass er auch komponiert hatte, war mir bewusst, denn er hatte oft genug von seiner Märchenoper „Schlaraffenland" erzählt, das Libretto als Märchen auf Kassetten für seine Enkel besprochen und bei Aufführungen von Szenen daraus war ich ja, wenngleich als kleiner Junge, dabei. Er hat mir auch zwei Mal kleine, handschriftliche Klavierstückchen zum Geburtstag geschenkt: 1968 den „Moment Musical", den er schon 1939, wohl während des Studiums, komponiert hatte – in ges-Dur, für mich also schwer zu spielen – und ein Jahr später, zu meinem Geburtstag 1969, die „Kleine Melodie" in des-Dur, ebenfalls recht fordernd. Alles Übrige lag aber eben auf dem Boden, neben all seinen Büchern, den Klavierauszügen der gängigen klassischen Opern, den Partituren der diversen Opern, Operetten, Konzerten und Chorälen, wie der sonstigen, umfangreichen Musikliteratur.

Dabei ist mir insbesondere sein Lied „Du bist min" – über das ich schon zuvor berichtet habe – aufgefallen; da es „nur" in d-Dur geschrieben ist, habe ich mich damit ans Klavier gesetzt und versucht es zu spielen. Nach einigem Üben gelang das auch mehr oder weniger und ich war eigenartig berührt: wegen der schönen, dabei schlichten, eingängigen Melodie, wegen des uralten, bekannten, ausdrucksvollen Gedichts – das ich noch nie vertont gehört hatte – aber auch aufgrund des Umstands, dass dieses Lied bereits im Februar 1944, also noch deutlich vor meiner Geburt, im

Dresdner Konservatorium aufgeführt worden war, von einem Pianisten und einer Sopranistin interpretiert, deren Namen ich noch nicht einmal gehört hatte und die ich auch nie kennen lernen würde. Vater war damals im Einsatz; möglich, dass es seine Eltern gehört haben. Wahrscheinlich hatte er auch dieses Stück, wie seine drei anderen Lieder für Klavier und Sopran, die an diesem Tag aufgeführt wurden, im Laufe seines Studiums geschrieben und mit einer angehenden Sopranistin geprobt.

Die anderen Stücke – ebenso wie der gesamte Liederzyklus „Den Main entlang…" – waren für meine bescheidenen Klavierkünste zu schwer gesetzt, deshalb habe ich sie vor Kurzem einer bekannten, örtlichen Klaviervirtuosin gegeben mit der Bitte zu prüfen, ob dies alles gespielt und mit Gesang aufgeführt werden kann. Es wäre schön, wenn dies alles – in memoriam – zu seinem 95. Geburtstag, den er nun nicht mehr erlebt, aufgeführt werden könnte.

Die Unterlagen aus seiner späteren, eigentlichen beruflichen Tätigkeit waren dagegen eher bescheiden: die Chronik und eine Festschrift des Fernmeldebataillons 4, das er in den sechziger Jahren drei Jahre lang geführt hatte, eine Abhandlung über die „Probleme der Fernmeldeverbindungen", die ihm schon 1967 der Kommandierende General des II. Korps, Generalleutnant Leo Hepp, mit einer persönlichen Widmung geschenkt hatte und eine Kurzfassung der Geschichte der Fernmeldetruppe aus dem Jahr 2001, in dem die Fernmeldetruppe des Heeres der Bundeswehr auf ein paar Seiten recht oberflächlich und technokratisch abgehandelt wird.

Dazu kamen ein paar Fach-Artikel und Kopien von Erfahrungsberichten, die ich ihm immer wieder einmal zur Information geschickt habe, speziell aus meiner Zeit beim EUROKORPS in den 90er Jahren und aus der Zeit meines Einsatzes auf dem Balkan 1996 bis 1998. Hierzu hat er sich nie fundiert geäußert. Er fand das zwar alles recht interessant und gut geschrieben, wie er mir sagte, aber eigentlich hat es ihn weniger berührt. Zuletzt hat er mir auch offen gestanden, dass er dies alles nicht mehr so recht verstehe – und das war nachvollziehbar.

Die satellitengestützten, vielfach überlagerten Übertragungswege moderner, digitaler Netze zur Führungsunterstützung integrierter, multinationaler Einsätze mit ihren „Wolken", „Bandbreiten" und den dazugehörenden vernetzten Computersystemen und dem Gefechtsstandfernsehen sind nun einmal nicht im Ansatz mit den einfach strukturierten und technisch anspruchslosen Feldkabelverbindungen und Feldfernsprechern während des 2. Weltkriegs zu vergleichen. Auch die in der zweiten Hälfte der sechziger Jahre schrittweise eingeführten „modernen" Funk- und Richtfunksysteme sind mittlerweile längst veraltet und durch moderneres Gerät ersetzt. Selbst die NATO-Fernmeldesysteme, für deren Einführung Vater in den 70er Jahren des vergangenen Jahrhunderts mit zuständig war, sind längst ausrangiert und durch rechnergestützte, vor allem Satellitenfernmelde-Systeme, zur Übertragung von Massendaten ersetzt. Kein Wunder, dass er es irgendwann auch aufgegeben hat, sich mit derlei Neuerungen auseinanderzusetzen. Wozu auch?

Nach seiner Pensionierung hat er indes noch eine Zeitlang Klavier gespielt, allerdings mit abnehmender Tendenz, denn Mutters lange Krankheit, ihr Tod und die Zeit der Trauer haben intensiveres Klavierspiel verhindert. Der Tod seiner zweiten Frau und später von Ilse wird sich auch entsprechend ausgewirkt haben.

Mir kommt es immer wieder so vor, als habe sich Vaters Klavierspiel mit dem Verkauf seines alten Klaviers, damals zu Ende seiner „belgischen" Zeit, allmählich in nichts aufgelöst, zumindest allmählich verflüchtigt.

Einmal ist er noch zu großer Form aufgelaufen: im Elsass, anlässlich des Festes, das anlässlich meines 50. Geburtstags in unserem damaligen Haus in Geispolsheim stattfand. Wir hatten einen Klavierstimmer aus Straßburg mit seiner Frau eingeladen, an unserem Fest teilzunehmen und nebenbei ein bisschen zu musizieren. Das versuchte er denn auch, doch es war grauenvoll: schon bei seinem ersten Stück, der „Mondscheinsonate", wurde nach wenigen Takten klar, dass sein Klavierspiel doch recht stümperhaft war. Dann fing auch seine Frau noch an zu singen. Die Kinder fingen an, hinter vorgehaltener Hand, zu prusten. Auch wir mussten an uns halten.

Da schritt Vater zur Tat. Gesetzten Schrittes, aber sehr bestimmt, marschierte er die Treppe von der Galerie ins Wohnzimmer hinab. Als er nahte, trat der Klavierstimmer sofort den Rückzug an, denn er ahnte wohl, was jetzt folgen würde.

Dann langte Vater in die Tasten. Es war göttlich. Anfangs ausschließlich eigene Kompositionen, in Tonlagen von denen der Klavierstimmer wohl noch nie geträumt hatte. Seine leise plätschernden, dann anschwellenden, tonmalenden „Römischen Brunnen", sein lichter, duftiger „Vorfrühling" mit den anfänglichen Dissonanzen, den ungewohnten Läufen und seinen traumhaften Harmonien, „Seit du mir ferne bist", eine gefühlvolle Vertonung von Riccarda Huchs Liebeserklärung, die gehauchte „Kleine Melodie", der fulminante „Moment musical"… es war ein Rausch. Danach Liszts „Liebestraum" und „Guten Abend, gut' Nacht" in der Originalfassung von Brahms. Stehende Ovationen und auch der Klavierstimmer und seine Frau verbeugten sich ohne Neid.

Kein Zweifel, Vater beherrschte diese Szene durch und durch, doch er ließ sich nichts anmerken. Ganz leise gelächelt hat er aber doch. Wir haben noch jahrelang von diesem – völlig unbeabsichtigten – meisterlichen Intermezzo, dieser musikalischen Lehrvorführung, gesprochen.

Zuletzt hat Vater überhaupt nicht mehr Klavier gespielt. Er sagte, seine Finger seien nicht mehr beweglich genug. Allerdings hat er auch sein Klavier nicht mehr stimmen lassen. Nur noch Schallplatten hat er gehört und dabei streckenweise mit dirigiert.

Seine Violine haben wir später überarbeiten lassen; sie ist spielbereit, doch es gibt niemanden, der sie spielt. Seine Bratsche hängt in Claudias Wohnzimmer, neben dem zitierten Gedicht von Rilke. Nur seine Kompositionen spiele ich noch von Zeit zu Zeit, soweit mir das gelingt.

Dennoch hat ihn die Musik nicht losgelassen, und er sie nicht. Sein „Schallplatten-Konsum" war beträchtlich: die entsprechenden Platten-Alben, später auch CDs, füllten die Regale meterweise und regelmäßig kamen neue hinzu. All die Werke, die er an der Hochschule für Musik in Dresden studiert, geübt und dirigiert hatte, in mehreren Ausgaben und von verschiedenen Dirigenten... Da war Mozart vertreten mit der „Zauberflöte", „Figaros Hochzeit" und die „Kleine Nachtmusik" sowie alle seine Klavier- und Violinkonzerte, Wagners „Meistersinger", „Lohengrin" und der „Tannhäuser", der „Ring des Nibelungen" und der „Fliegende Holländer", alle Symphonien von Beethoven und seine Oper „Fidelio", Puccinis „Tosca", „La Bohème" und „Madame Butterfly", Verdis „Aida", „Un ballo in maschera" und „Rigoletto"; da war der „Zigeunerbaron" von Johann Strauss, Léhars „Land des Lächelns", der „Zarewitsch" und die „Lustige Witwe", Bizets „Carmen" – die er uns in Paris, als unsere erste Oper, „vorgeführt" hatte –, Haydn's „Kaiserquartett", dessen 1. Variation er 1945 in Agram mit dem Großen Orchester der Kroatischen Staatsoper aufgeführt hatte, ebenso wie die „Unvollendete" von Franz Schubert: auch die hatte er 1945 dort dirigiert. Smetanas „Verkaufte Braut" und die „Moldau", der böhmische Fluss, auf dem er anlässlich seiner Hochzeitsreise mit Mutter auf dem Schiff gefahren war: ein Bild davon ist noch vorhanden. Da standen Tschaikowskys „Romeo und Julia", Bachs „Johannes-Passion" und Vivaldis „Violinkonzert" neben vielen anderen…

Natürlich war da Webers „Freischütz", dessen Uraufführung ja in seiner Heimatstadt, Dresden stattgefunden hatte, in der Semperoper, und da hatte er nach bestandener Chormeisterprüfung eine Anstellung bekommen, die er freilich aufgrund des Krieges nicht mehr antreten konnte. Dessen Libretto und Klavierauszug hatte ich schon als Junge mit Begeisterung geradezu verschlungen; schon sein Urgroßvater hatte sich den „Freischütz" in der Semper-Oper anschauen wollen aber nie das Geld dazu gehabt – er aber konnte ihn jetzt, so oft er wollte und im Sessel sitzend, zumindest im Geiste, dirigieren.

Auch Carl Orffs „Carmina Burana" hat ihn wohl fasziniert, denn Vater hatte auch ein Faible für ungewohnte Harmonien, mittelalterliche Musik und Chöre; schließlich hatte er 1941 in seiner Chormeisterprüfung einen Oratorienchor dirigieren und aus alten Schlüsseln vorspielen müssen…

Doch selbst seinen Enkeln hat er die Musik nahebringen wollen: da waren zwei Ausgaben von Prokofieffs „Peter und der Wolf" und Mörikes „Mozarts Reise nach Prag", ebenso wie Humperdincks „Hänsel und Gretel" mit einem Kölner Kinderchor; ja selbst deftige deutsche Volksmusik war in seinen Plattenregalen vorhanden.

Modernere Musik – denn das sei keine Musik, hat er gesagt – wie Jazz, Blues und Pop – musste man allerdings vergebens bei ihm suchen, auch Militärmusik war bei ihm nicht zu finden.

Und er hat gelesen! Seine Bibliothek war beachtlich. Speziell Geschichtliches, auch zur Musikgeschichte, vor allem aber zur mittelalterlichen und modernen deutschen Geschichte: Seriöses aber auch alle Arten pseudogeschichtlicher Anekdoten und Romane… Da war Günter de Bruyns „Preussens Luise" und Max Kobberts „Preussischer Leonidas", die „Abendunterhaltung im Orchester" von Hector Berlioz, eine Sammlung von „Musiknovellen des 19. Jahrhunderts", ebenso wie Joseph Victor von Scheffels „Ekkehard": eine Geschichte aus dem zehnten Jahrhundert, das „Waltharilied", das „Nibelungenlied" und „Des Priesters Wernher drei Lieder von der Magd", ein köstliches Stück mittelhochdeutscher Dichtkunst – wohl allesamt Reminiszenzen aus der Zeit der Lektüre des „Ackermanns aus Böhmen", damals in der Schulzeit in Dresden. Da stand Felix Dahns „Kampf um Rom", Fischer-Fabians „Die ersten Deutschen", Ivar Lissners „Wir sind das Abendland", Gerhard Herms „Phönizier", „Das Reich der Dämonen" von Frank Thiess, Johannes Lehmanns „Hethiter", auch Werner Kellers „Und die Bibel hat doch recht"… Da waren alle Klassiker, allen voran Goethe mit seinen Gesammelten Werken, Schillers Dramen, Gedichte und Balladen, Gottfried Kellers „Leute von Seldwyla", Fritz Reuters „Stromtid" und die „Franzosentid", Theodor Fontanes „Reisen durch die Mark Brandenburg", der „Stechlin" und viele andere; Theodor Storms Werke, Stefan Zweigs „Baumeister der Welt", natürlich Thomas Manns „Zauberberg", „Königliche Hoheit" und der „Hochstapler Felix Krull", mehrere Gedichtbände von Hölderlin über Rilke, Mörike, Eichendorff, Novalis und all die Balladen aus dem 18. und 19. Jahrhundert, doch auch ausländische Literatur: Shakespeares Werke in einer besonders schönen Ausgabe in Leder und mit Goldschnitt. Alexandre Dumas, Honoré de Balzac, Guy de Maupassant, Dante, Casanova … Kurz: ein Querschnitt durch die europäische Literatur der letzten 1000 Jahre.

Vater hatte das alles nicht nur gelesen sondern bis ins hohe Alter, z.T. sogar im Wortlaut, präsent; so konnte er nicht nur den ganzen „Struwwelpeter" und „Max und Moritz" von Wilhelm Busch auswendig, was er seinen Enkeln immer wieder vortrug, sondern zitierte auch Passagen aus Schillers „Don Carlos", Goethes „Faust" oder seinen „Römischen Elegien".

Dass er in seinen späteren Jahren auch Geschichten und Märchen geschrieben hat, war uns bekannt; speziell an seine Geschichte vom „Kampf um die Haugshalde", die weitgehend im Wald oberhalb unseres Hauses spielt und von einer Bekannten, Leni Wüst, ausgeführt und veröffentlicht worden ist, kann ich mich gut erinnern, denn ich habe sie schon als Junge mit roten Ohren mehrfach gelesen. Später hat er seine Geschichten von „Onoko, dem Indianerjungen", Michi und Frank, Claudias und Georgs Kindern, als sie noch kleine Jungen waren, in vielen Folgen vorgelesen. Ähnliches gilt für die „Erzähl-Version" seiner Märchenoper „Schlaraffenland", die er für unsere Kinder, Barbara und Sylvia, aufgeschrieben und auf Tonband gesprochen hat. Andere, spätere Geschichten aus seiner Feder habe ich dann „gefunden"; er hatte sie alle einer Bekannten, der Tochter eines verstorbenen Freundes, die in der Nachbarschaft wohnte, diktiert, diese hatte sie auf der Schreibmaschine für ihn getippt.

Dass er auch g e d i c h t e t hat, habe ich allerdings erst nach seinem Tod erfahren, denn seine Gedichte hat er uns nie gezeigt. Erst kürzlich habe ich in einem seiner Gedichtbände eine ganze Reihe, offensichtlich aus seiner Feder stammende, Gedichte gefunden. Sein letztes Gedicht, das wir nach seinem letzten Willen auf seiner Todesanzeige veröffentlicht haben, habe ich erst gelesen, als er schon gestorben war. Dass er es auch vertont hat – als vierstimmigen Choral in Kirchentonart geschrieben – habe ich erst Jahre später entdeckt.

Er ist auch – im Laufe seiner späteren Jahre – immer religiöser geworden, obwohl er schon während seiner recht intensiven Bekanntschaft mit Pfarrer Klaus Stein während seiner Zeit in

Belgien recht häufig über christliche Themen nachgedacht haben muss und sich mit ihm und anderen darüber unterhalten hat. Sicherlich hat ihm das ganz wesentlich dabei geholfen, den aufeinander folgenden Tod der drei Frauen, die er geliebt hat, klaglos zu akzeptieren. Möglich, dass seine frühe Beschäftigung mit dem „Ackermann von Böhmen" – der ja während seiner Schulzeit zur Pflichtlektüre gehörte – auch dazu beigetragen hat, Unvermeidliches anzunehmen und nicht nutzlos darüber zu hadern.

In seiner letzten Zeit hat er dann selbst das Lesen weitgehend eingestellt und sich „Hörbücher" zugelegt, unter anderen auch „Faust II", gesprochen von Will Quadflieg, den er sich oft angehört hat; zuletzt wurde das immer schwerer, da er nicht mehr gut hörte – eine Schwäche, die er freilich sich selbst, geschweige denn anderen, nie eingestanden hat.

Auch seine „Reisewut" hatte ja im Laufe der Zeit deutlich nachgelassen. Ein Schock für ihn muss es gewesen sein, als er – wohl im Jahr vor seinem Tod – noch einmal nach Teneriffa gereist ist; seine Haushälterin hat ihn begleitet. Doch Vater konnte sich vor Ort kaum noch an etwas erinnern: er war regelrecht orientierungslos. Von da an war er kaum mehr dazu zu bewegen, überhaupt zu verreisen. Sein Auto hatte er ohnehin bereits an seinen jüngsten männlichen Enkel, Frank, zuerst zu einem moderaten Preis verkauft und dann den Erlös an a l l e Enkel anteilmäßig verteilt. Doch auch seiner BahnCard hat er sich nicht mehr bedient.

Als er dann zu schwach und zu unbeweglich wurde, bergaufwärts nach Monbrunn zum „Nussbaum" zu wandern, einem seiner örtlichen Ziele, unweit im Odenwald, keine drei Kilometer entfernt, – er trank dort regelmäßig seinen „Äbbelwoi" – und ihm selbst der Gang in die Stadt, zum mittelalterlichen „Weinhaus" zu beschwerlich wurde, muss er wohl sämtliche

Aktivitäten eingestellt haben. Er saß dann nur noch in seinem Freisitz vor dem Haus und wartete, dass ihn jemand besuchte.

Alles in allem hat sich sein Leben wohl anders entwickelt, als er sich das anfangs vorgestellt hatte, ein Schicksal, das er ganz sicherlich mit vielen geteilt hat. Allerdings hat er sich durch die verschiedenen Schicksalsschläge nie unterkriegen lassen und versucht, das Beste aus jeder Lebenslage zu machen. Ohne zu lamentieren und ohne die Hilfe anderer in Anspruch zu nehmen. Im Gegenteil: e r hat geholfen, wo immer e r helfen konnte. Zuletzt brauchte er selbst Hilfe. Wahrscheinlich hätte ich ihn in seiner letzten Zeit noch häufiger besuchen müssen, doch da war ich im Einsatz auf dem Balkan, wie er über 50 Jahre zuvor. Andererseits: Bärbel hat ihn mit den Kindern recht häufig besucht. Wir hatten ihn zu uns nehmen wollen, Mitte 1996, als wir von Straßburg nach Heidelberg umgezogen sind; sogar ein entsprechend großes Haus haben wir damals gesucht. Doch er hat abgelehnt. Er wollte in Miltenberg bleiben.

In gewisser Weise war das verständlich, denn Miltenberg war ihm mittlerweile zur zweiten, vielleicht sogar zur neuen – mittlerweile zur eigentlichen? – Heimat geworden. Er hatte dort nach dem Krieg 11 Jahre gelebt, war in vielen Urlauben immer wieder in sein Haus zurückgekehrt, in das er viel Geld und Energie gesteckt hat und hat auch seine letzten 21 Jahre dort verbracht: insgesamt weit mehr Zeit als vorher insgesamt in Dresden. Hier waren seine Eltern und seine zwei Ehefrauen begraben. Nach Dresden war er zu Anfang der 90er Jahre noch einmal gefahren, unmittelbar nach der Wende. Als er dort war, lag die Frauenkirche noch in Ruinen und viele Stätten seiner Jugend waren wohl verbrannt oder sonst wie verschwunden. Wie eine Leiche sei ihm seine Heimatstadt vorgekommen, hat er uns damals gesagt. Er hat Dresden danach nie wieder gesehen. Dennoch hing in seinen letzten Jahren ein Stich von Canaletto[52] mit einem Blick auf die Elbe und den Palast des Königs über seinem Schreibtisch; früher hing dort ein Bild der Steinernen Brücke in Regensburg, das ihm sein Offizierkorps zum Abschied geschenkt hatte. Dresden hat ihn eben doch nie losgelassen.

Sein bestimmendes Wesen hat sich wohl während seiner Zeit auf der elitären NAPOLA, durch den vormilitärischen Drill und die spätere, harte militärische Ausbildung bei der Armee entwickelt; allerdings muss dort auch viel Wert auf Kameradschaft gelegt worden sein. Er hätte sich sonst nicht in dem Maß um seine Soldaten – und um uns – gekümmert. Sie und wir haben ihm viel zu verdanken. Seine Musik klingt nach.

Das Bild von Canaletto hängt heute noch in unserem Wohnzimmer. Vor Kurzem habe ich mich um das Amt des Stadtschreibers von Dresden beworben. Irgendwo gehöre ich wohl auch dorthin, zumindest zeitweise.

---

[52] Bernard Bellotto gen. Canaletto: „Perspective du Pont de Dresde sur l'Elbe, tirée de la vue du Palais de S.M. …" (1749)

Anlagen

Ausgewählte, kleinere Kompositionen von Manfred Schlieder:

- Kleine Melodie, 1938 (?)
- Moment musical, 1939
- Du bist min, 1941 (?)
- Singet dem Herrn ein neues Lied, 1976
- Ich muss nun auf die Reise geh'n, 1998

Kleine Melodie, 1938 (?), S. 1

Kleine Melodie, 1938 (?), S. 2

Kleine Melodie, 1938 (?), S. 3

Kleine Melodie, 1938 (?), S. 4

Moment Musical, 1939, S. 1

Moment Musical, 1939, S. 2

Moment Musical, 1939, S. 3

Moment Musical, 1939, S. 4

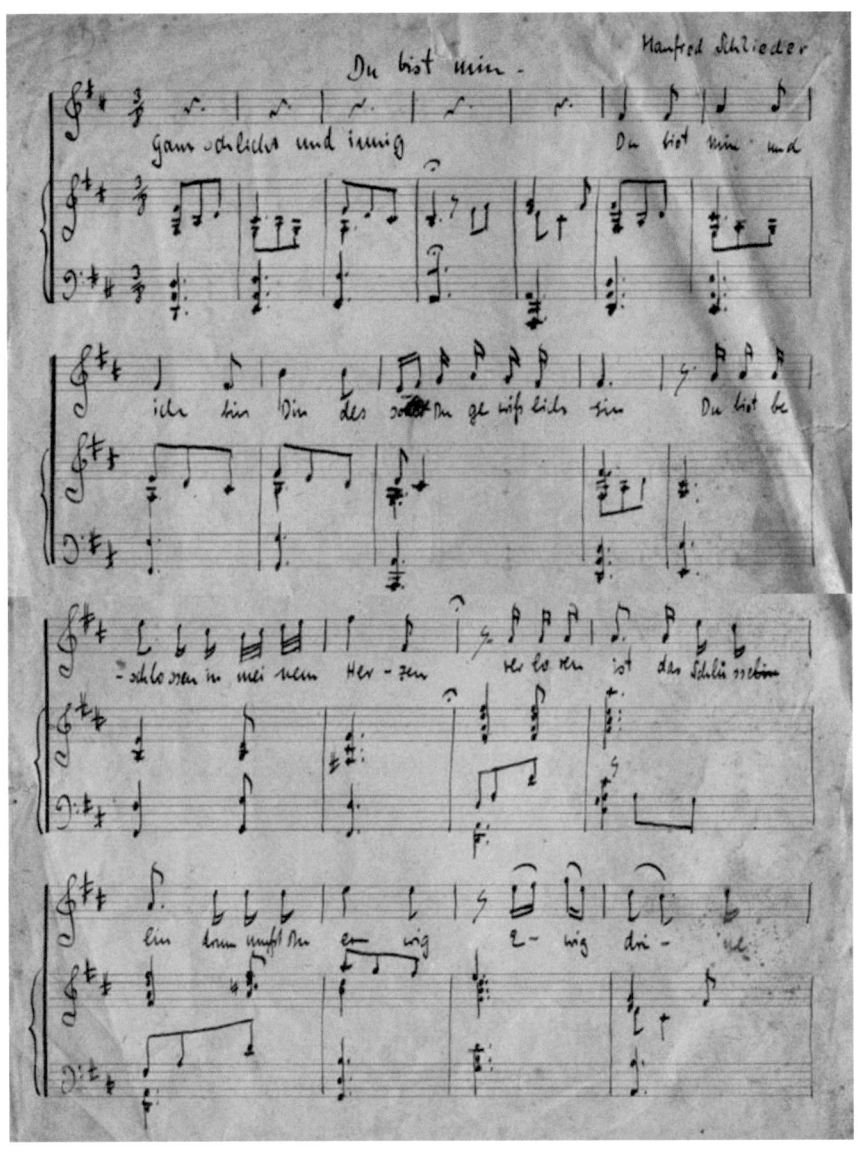

Du bist min, 1941 (?) S. 1

Du bist min, 1941 (?) S. 2

Psalm 96: Singet dem Herrn ein neues Lied (Anfang), 1976

Ich muss nun auf die Reise geh'n, 1998, S. 1

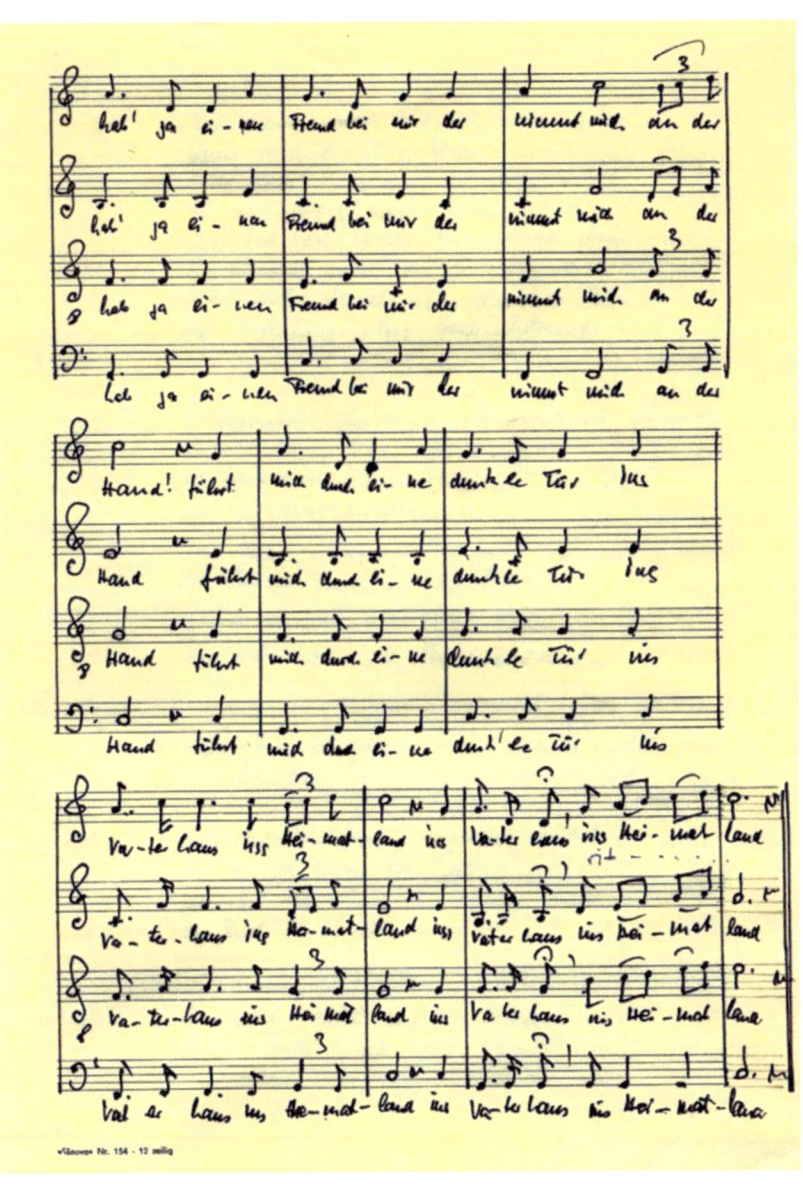

Ich muss nun auf die Reise geh'n, 1998, S. 2

Bildnachweis / Rechte

Das Titelbild, Leutnant Manfred Schlieder, etwa 1944: im Familienbesitz

S.17 Wohnhaus in Dresden-Löbtau, Gohliser Str. 22: Aufnahme des Autors 2012

S.19 Willy und Frida Schlieder mit ihrem Sohn Manfred, Anfang 1919: im Familienbesitz

S.21 Das Gymnasium Wettinianum: Aufnahme des Autors 2012

S.22 Relief an einem der Unterkunftsgebäude der ehem. NPEA Dresden-Klotzsche: Aufnahme des Autors 2012

S.27 Vater Willy mit Sohn Manfred 1925: im Familienbesitz

S.28 Manfreds Schulklasse auf dem Segler „Adler" 1929: im Familienbesitz

S.45 Einladung zur „Kleinen Nachtmusik" am 1.6.1946: im Familienbesitz

S.46 William Manfred Schlieder 1945: im Familienbesitz

S.47 „Aus Oper und Operette": im Familienbesitz

S.48 Registrierurkunde: im Familienbesitz

S.50 Uraufführungsabend in Miltenberg 1949: im Familienbesitz

S.53 Konzertabend 1952: im Familienbesitz

S.67 Programmheft „Soirée musicale" v. 18.3.1964: im Familienbesitz

S.68 Programm „Soirée musicale" v. 18.3.1964: im Familienbesitz

S.69 Vater erhält das Schallplattenalbum: Foto der Presseabteilung SHAPE v. 23.3.1964. Die Erlaubnis zum Abdruck liegt vor.

S.75 Abordnungen aller Bundeswehr-Bataillone bei der Übernahme der neuen Truppenfahne 1965 in Münster: Bundeswehr-Aufnahme, Herkunft unbekannt

S.93 Vater im Mai 1980: Bild des Autors im Familienbesitz

S.103 Todesanzeige Manfred W. Schlieder 1998: im Familienbesitz

S.117 – 129 Die 13 Notenblätter im Anhang wurden durch den Autor 2012 gescannt. Sie sind, ebenso wie die Originale, im Familienbesitz. Copyright aller Notenblätter von Manfred W. Schlieder bei den Erben.

Alle noch lebenden Familienangehörigen, die im Buch genannt werden sind mit der Nennung ihrer Namen einverstanden.

Alle übrigen Personen, die in dem Buch genannt werden bzw. deren Nachkommen, mit denen keine Verbindung aufgenommen werden konnte weil ihr Aufenthaltsort nicht feststellbar ist, können sich zur Geltendmachung tatsächlicher oder vermeintlicher Rechte mit dem Autor in Verbindung setzen.

Das Gleiche gilt für die Urheber von Fotografien, die in dem Buch abgedruckt sind und deren Identität und Aufenthaltsort nicht feststellbar ist.

Weitere Bücher von Harald Volkmar Schlieder

Mein Sommerwind…
Gedichte und Bilder
1buch.com
Wissenmedia-Verlag, Gütersloh 2009

Geschichten vom Drachen
Ein Märchenbuch für Erwachsene
ISBN 978-3-86991-069-7
Edition Octopus
Verlagshaus Monsenstein & Vannerdat, Münster 2010

Ich muss euch sagen, es weihnachtet sehr…
Advents- und Weihnachtsgeschichten aus der Kindheit
ISBN 978-3-86991-247-9
Edition Octopus
Verlagshaus Monsenstein & Vannerdat, Münster 2011

Kommando zurück!
Erinnerungen an Kindheit und Jugend von 1944 – 1963 in Deutschland und Frankreich sowie an 41 Jahre Bundeswehr von 1963 – 2004 in Deutschland und Europa
ISBN 978-3-937885-49-0
MILES-Verlag, Berlin 2012

Blick von der Haagsaussicht
ISBN 978-3-86991-574-6
Edition Octopus
Verlagshaus Monsenstein & Vannerdat, Münster 2012

Opa Willy
1891 Dresden – 1958 Miltenberg.
Von einem, der aufsteigen wollte. Eine sächsisch-deutsche
Lebensgeschichte in Frieden und Krieg.
ISBN 978-3-937885-53-7
MILES-Verlag, Berlin 2012

So nicht!
oder
Wie sich Deutschland momentan wieder selbst ruiniert
Aktuelle Herausforderungen in unserem Lande
ISBN 978-3-86991-797-9
Edition Octopus
Verlagshaus Monsenstein & Vannerdat, Münster 2013

Carola Hartmann Miles-Verlag

Politik, Gesellschaft, Militär

Rüdiger Schönrade, *General Joachim von Stülpnagel und die Politik,* Berlin 2007.

Uwe Hartmann, *Innere Führung. Erfolge und Defizite der Führungsphilosophie für die Bundeswehr,* Berlin 2007.

Dietrich Ungerer, *Militärische Lagen. Analysen – Bedrohungen – Herausforderungen,* Berlin 2007.

Klaus M. Brust, *Söldner – Ausverkauf der Exekutive,* Berlin 2007.

Ingo Werners, *Fahren, Funken, Feuern. Hinweise für die Einsatzvorbereitung,* Berlin 2010.

Peter Heinze, *Bundeswehr „erobert" Deutschlands Osten,* Berlin 2010.

Reinhard Schneider, *Neuste Nachrichten aus unseren Kolonien. Pressemeldungen von den Aufständen in Deutsch-Ostafrika und Deutsch-Südwestafrika 1905-1906,* Berlin 2010.

Dieter E. Kilian, *Politik und Militär in Deutschland. Die Bundespräsidenten und Bundeskanzler und ihre Beziehung zu Soldatentum und Bundeswehr,* Berlin 2011.

Hans Joachim Reeb, *Sicherheitskultur als kommunikative und pädagogische Herausforderung – Der Umgang in Politik, Medien und Gesellschaft,* Berlin 2011.

Reiner Pommerin (ed.), *Clausewitz goes global. Carl von Clausewitz in the 21st Century,* Berlin 2011.

Hans-Christian Beck, Christian Singer (Hrsg.), *Entscheiden – Führen – Verantworten. Soldatsein im 21. Jahrhundert,* Berlin 2011.

Dieter E. Kilian, *Adenauers vergessener Retter – Major Fritz Schliebusch,* Berlin 2011.

Ingo Pfeiffer, *Gegner wider Willen. Konfrontation von Volksmarine und Bundesmarine auf See,* Berlin 2012.

Eberhard Birk, Heiner Möllers, Wolfgang Schmidt (Hrsg.), *Die Luftwaffe zwischen Politik und Technik. Schriften zur Geschichte der Deutschen Luftwaffe, Bd. 2,,* Berlin 2012

Eberhard Birk, Winfried Heinemann, Sven Lange (Hrsg.), *Tradition für die Bundeswehr. Neue Aspekte einer alten Debatte*, Berlin 2012.

Jahrbuch Innere Führung

Helmut R. Hammerich, Uwe Hartmann, Claus von Rosen (Hrsg.), *Jahrbuch Innere Führung 2010. Die Grenzen des Militärischen*, Berlin 2010.

Uwe Hartmann, Claus von Rosen, Christian Walther (Hrsg.), *Jahrbuch Innere Führung 2011. Ethik als geistige Rüstung für Soldaten*, Berlin 2011.

Uwe Hartmann, Claus von Rosen, Christian Walther (Hrsg.), *Jahrbuch Innere Führung 2012. Der Soldatenberuf zwischen gesellschaftlicher Integration und suis generis-Ansprüchen*, Berlin 2012.

Einsatzerfahrungen

Kay Kuhlen, *Um des lieben Friedens willen. Als Peacekeeper im Kosovo*, Eschede 2009.

Sascha Brinkmann, Joachim Hoppe (Hrsg.), *Generation Einsatz, Fallschirmjäger berichten ihre Erfahrungen aus Afghanistan*, Berlin 2010.

Schwitalla, Artur, *Afghanistan, jetzt weiß ich erst... Gedanken aus meiner Zeit als Kommandeur des Provincial Reconstruction Team FEYZABAD*, Berlin 2010.

Erinnerungen

Blue Braun, *Erinnerungen an die Marine 1956-1996*, Berlin 2012.

Harald Volkmar Schlieder, *Kommando zurück!*, Berlin 2012.

Harald Volkmar Schlieder, *Opa Willy. 1891 Dresden – 1958 Miltenberg. Von einem, der aufsteigen wollte. Eine sächsisch-deutsche Lebensgeschichte in Frieden und Krieg*, Berlin 2012.

Reinhart Lunderstädt, *Aus dem Leben eines Hochschullehrers. Persönlicher Bericht*, Berlin 2012.

www.miles-verlag.jimdo.com